集人文社科之思　刊专业学术之声

集 刊 名: 都市社会工作研究
主办单位: 上海大学社会学院社会工作系
主　　编: 范明林　杨　锃

Vol.11 RESEARCH ON URBAN SOCIAL WORK

第11辑

集刊序列号: PIJ-2016-184
中国集刊网: www.jikan.com.cn
集刊投约稿平台: www.iedol.cn

RESEARCH ON URBAN SOCIAL WORK Vol.11

中文社会科学引文索引（CSSCI）来源集刊

范明林　杨　锃／主编

都市社会工作研究

上海大学社会学院社会工作系主办

第11辑

社会科学文献出版社
SOCIAL SCIENCES ACADEMIC PRESS (CHINA)

目　　录

防卫攻击性：儿童反社会行为的
深层心理机制分析与应对

刘子潇　赵　芳[*]

摘　要　防卫攻击性作为一种儿童普遍具有的先天性心理倾向，在其养育过程中遭遇剥夺时会引起儿童时期的反社会行为，而剥夺又分为主要与母亲相关的爱的剥夺和主要与父亲相关的安全的家庭环境的剥夺，两种剥夺的发生有时间上的先后顺序。父母养育角色的灵活性与三代同堂养育方式的多元性是中国家庭养育的特点。促进性的中国本土家庭养育环境应是父母相互支持，并在角色分工中具有弹性。以家庭治疗、家庭教育为主要介入方式的家庭社会工作可以协助创造更好的养育环境，从而促进儿童防卫性攻击倾向升华为社会建设倾向而非转变为反社会行为。

关键词　防卫攻击性　儿童反社会行为　深层心理机制　精神分析　家庭社会工作

　　现代社会给人类生活带来了极大的便利，但同时也产生了许多现代化问题，其中儿童反社会行为便是现代化过程中产生的一个重要问题。儿童

---

[*]　刘子潇，同济大学人文学院博士研究生，主要研究方向为精神分析中国化、精神分析与社会工作等；赵芳，复旦大学社会发展与公共政策学院教授、博士生导师，主要研究方向为社会工作伦理、家庭社会工作、健康社会工作等。

反社会行为是指儿童很难适应社会生活而表现出违背习俗、礼仪、道德乃至法律等，偏离或危害社会秩序，甚至侵害他人的行为（刘易平、卢立昕，2015）。近年来，儿童①"弑母案"、故意伤人案报道的出现，引起了人们的深切关注。

由于严重的儿童反社会行为触犯了法律，而法律作为社会的红线具有重要的预警效应，所以国家立法机关迅速反应，于 2020 年 12 月 26 日相继修订《中华人民共和国预防未成年人犯罪法》和通过《中华人民共和国刑法修正案（十一）》，尝试通过完善未成年人犯罪的相关法律来对这一问题进行防治。同样，法学界亦通过对新中国成立以来少年司法制度的变迁（安琪，2020）与对最低刑事责任年龄的修改（陈玮璐，2021）等问题的讨论，对未成年人犯罪这一严重的儿童反社会行为的防治提出了建议。与此同时，在《预防未成年人犯罪法》"预防为主、提前干预"的理念之下，另有部分法学界的研究者借鉴发达国家的少年司法经验，意识到通过心理学和少年司法的结合，不仅可以治疗犯罪未成年人的心理障碍、改变其行为方式、帮助他们积极融入社会，还可以将心理学的方法用于预防少年儿童的罪错，为其未来的发展打下基础（滕洪昌、姚建龙，2017）。

此种思考与精神分析——这一探索人类深层心理机制的心理学视角，关于反社会儿童治疗的观点不谋而合。儿童精神分析学家认为，儿童的反社会行为是其情绪发展过程中出现异常导致的。个体情绪发展过程呈现三种状态：一端是遗传性，指个体内与生俱来的成长倾向、整合倾向、关联客体的倾向和成熟倾向；另一端是支持的或失败的和创伤性的发展环境；在两端中间的是个体活着、防御着和成长着的状态（Winnicott，1965）。一个完善的理论当对三者均做出解释，而实际的专业介入则因视角不同而选取不同的侧重点。精神分析处理的是个体活着、防御着和成长着的问题，对于反社会儿童的分析治疗主要是通过分析情境将其攻击性升华为建设性，从而帮助这些情绪发展异常的儿童回归正常发展轨道。

对儿童轻度反社会行为的心理干预可以起到"防微杜渐"的作用，阻止其进一步发展为严重的犯罪行为。然而"上医治未病"，对于儿童反社会行为，不仅需要"防微杜渐"，还需要"未雨绸缪"，方能"标本兼治"。

---

① 本文中出现的"儿童"按照联合国《儿童权利公约》的定义，指 18 岁以下的未成年人。

预防与治疗并重恰是社会工作专业介入的特点，从而达成其"助人自助"的专业目标。由于尚未成年，儿童与社会接触的机会较少，家庭是其主要面对的发展环境。然而家庭的功能因现代化的发展而被削弱（赵芳，2013），可能导致支持性的家庭养育环境变为失败的和创伤性的家庭养育环境，继而引发儿童的反社会行为。因此，社会工作对于儿童反社会行为的介入应当以专注于家庭领域的家庭社工为主，一方面链接心理治疗等相关专业资源治疗已经出现问题的儿童，阻止其进一步发展出严重的犯罪行为，帮助其回归健康的情绪发展之路；另一方面则要支持家庭，帮助家庭形成更好的养育环境，防患于未然。本文将在此思路下，从儿童精神分析视角出发详细讨论儿童反社会行为的深层心理机制，并结合中国儿童的家庭养育特点，提出家庭社会工作的专业介入途径。

一　反社会行为的先天倾向：防卫攻击性

儿童精神分析的先驱梅兰妮·克莱因（Melanie Klein）继承了弗洛伊德生本能和死本能的观点，认为儿童天生便具有攻击他人和自毁倾向，比如婴儿吮吸母乳的同时伴有撕咬的攻击行为。这种攻击性之所以转向外在而不是转向自身，是由于生本能的自保冲动强迫个体将攻击性投向外界。克莱因认为这种本能的攻击性在投向外界之后，引起了婴儿一系列的心理过程："攻击本能会产生焦虑，导致儿童害怕某个外在客体，一方面是他将该客体视为外在目标；另一方面，也因为他将自己的侵略冲动投射到某个外在客体的身上，令人感觉仿佛是外在客体萌生了敌意要对付他。"（克莱因，2017）因此，婴儿对他攻击的外在客体又产生了恐惧，这种恐惧会加深他的焦虑，"而这些焦虑又迫使他必须再攻击他的敌意客体。这样的恶性循环最后形成一种心理防卫，这种防卫形成了个体反社会与犯罪倾向的基础。反社会与犯罪倾向之所以产生，是因为超我过度严厉且极端残忍，而非像一般推测而言，是个人的弱点或需要"（克莱因，2017）。

因此，在克莱因看来，反社会倾向乃至反社会行为在心理根源上是儿童的一种心理防卫机制，是由于害怕被摧毁而产生的攻击性冲动。需要指明的是，克莱因理论中的超我和弗洛伊德的超我有一定区别，弗洛伊德认为超我是在进入俄狄浦斯期（4~6岁）之后才逐渐形成的，但是克莱因则认为在婴幼儿时期，超我已经进入儿童的幻想层面并开始运作，所以这严厉的超我也并不等同于现实中严厉的父母，这种幻想性质的超我在克莱因的理论视角中是几乎所有的婴幼儿都会经历的一个阶段，或者说，这种防卫攻击性本身就是一种先天倾向。另一位儿童精神分析学家唐纳德·温尼科特（Donald W. Winnicott）甚至将婴儿对母亲攻击性的表现追溯至更早的胎儿时期："要是我们仔细观察，试着寻找一个人攻击的起源，我们其实最先遇到的是婴儿的运动。这种运动甚至在出生前就开始了，胎儿不仅会扭动身体，还会突然地活动四肢，让妈妈感到一阵胎动。"（温尼科特，2016）

温尼科特在此处将攻击性作为人类活力和发展的来源之一，有其积极的面向。同时他也支持克莱因提出的防卫攻击性在儿童身上的普遍性："一个孩子总是盼望着被迫害，甚至可能极具攻击性地对想象中的袭击实施自卫。这已经是一种疾病了，不过这个模式作为发展阶段中的一环，几乎在每个孩子身上都出现过。"（温尼科特，2016）

如此，对于儿童的反社会行为的发展，在个体发展的三种状态中，先天倾向一端主要呈现的是一种共性，然而为何在后天发展过程中，有的孩子可以整合这种攻击性相对健康地成长，而有的孩子则没办法应对自己内在的这种攻击性，导致出现反社会行为呢？

二　反社会行为的养育环境：剥夺

温尼科特认为，婴儿的攻击性在健康的发展过程中，会从原初的无意识状态发展至一种能被意识和控制的状态："每个婴儿内在都有一种倾向性，倾向于活动，然后得到某种肌肉运动的快感，并从移动和碰到什么东西的过程中收获体验。遵循这个特点，我们就能标注一个连续递进的过程，来描述婴儿攻击性的发展，即从简单运动，到表达生气的动作，再到表明恨意和控制恨意的状态。"（温尼科特，2016）而对于那些出现反社会行为的儿童，温尼科特认为是其在发展过程中遭到了剥夺："根据我的观点，反社会倾向天然地与剥夺相关联。"（温尼科特，2019）

随后他进一步讨论了这种剥夺的两个方面，第一个方面主要是与母亲相关的："可以适应小宝宝需求变化的妈妈会使这个孩子能够创造性地找到客体。她启动了孩子对这个世界的创造性地使用。如果这一点没有被实现，这个孩子就与外在客体失去了接触，他就会失去创造性地找到事物的能力。"（温尼科特，2019）而失去这种能力的孩子就可能以违反规则的方式来寻找事物，比如偷窃东西。所以在和母亲相关的剥夺中，是一个足够好的可以适应孩子需求变化的妈妈在某些时刻被剥夺了，使得孩子只能以偷窃等反社会行为的方式来吸引母亲的注意，而母亲如果及时注意到并做出爱的回应，就可能会很好地帮助孩子度过这个艰难的阶段。

第二个方面则主要是和父亲相关的剥夺，即在妈妈得到爸爸支持的情况下，孩子可以在安全的家庭环境中体验一些破坏性行为，进而在父母的帮助下将攻击性冲动和爱的冲动整合在一起。但"如果发生了剥夺，这个家出现了破裂，特别是当父母失和的时候，这个孩子的心理组织就会被严重破坏"（温尼科特，2019）。在这样的情况下，是一种缺位的或者在位但却带来家庭矛盾的父亲的剥夺，而遭到这种剥夺的孩子所出现的反社会倾向往往以一种更强的攻击性爆发，比如打碎玻璃或者打伤其他孩子，甚至在随后的发展过程中发生犯罪行为。

综合克莱因和温尼科特的理论，防卫攻击性作为一种儿童普遍具有的先天性心理倾向，在其养育过程中遭遇剥夺时会引起儿童时期的反社会行为，而剥夺又分为主要与母亲相关的爱的剥夺和主要与父亲相关的父亲支持母亲而形成安全的家庭环境的剥夺，两种剥夺的发生有时间上的先后顺序，母亲在前而父亲在后，分别会造成一些轻度的反社会行为和严重的破坏性行为。为了更好地说明这些理论，以下通过两个具体案例让理论的应用更加清晰。

三　反社会行为案例

（一）主要遭遇与母亲相关剥夺的案例

"这是一个 8 岁的男孩，经常出现下座位、发出各种声音、自习时说话乃至与同学打闹等不遵守课堂纪律的行为引起老师注意。他的家庭是一个破碎的家庭，父亲在其 5 岁时离家出走，母亲将其放在居委会之后离开，然后居委会找到其爷爷奶奶，他被爷爷奶奶继续抚养。而爷爷奶奶习惯使用打骂的教养方式，他一旦不听话，就会被打，所以他的头上经常有被打的伤痕，有人靠近他会下意识用手保护自己头部，害怕被打。"①

从克莱因的心理防卫角度理解，他的幼年和一般的小孩类似，都会出现防卫性质的攻击冲动，但是与能够健康成长的孩子相比，他未能遇到一个慈爱的母亲来积极应对和满足他的需要，亦如温尼科特所言，以一段宠爱来帮助他度过这段困难的时期，使他得到足够的安全感来面对自己的攻击性，并将其与对母亲的爱整合起来。他的父母在他5岁时离他而去，从温尼科特剥夺理论的角度而言，这无疑是一种巨大的剥夺，而替代父母的抚养者爷爷奶奶则施之以非常严厉的打骂教育。这种教育方式恰恰使孩子幻想中的严厉超我成为现实，一方面，他极度没有安全感，只要有人靠近就会无意识地觉得是要打他，同时又通过攻击性外投的方式来应对这种焦虑，总是伸手去惹怒周围的同学，用各种不遵守纪律的方式惹恼老师；另一方面，他的这种行为，又是一种求救信号，通过引起老师注意的方式向老师求助，这是母亲未能帮助他渡过幼年的难关，整合攻击与爱的冲动，他希望可以在老师这里完成，所以通过不遵守纪律的反社会的方式，攻击他内心其实喜爱的老师。这确实是一个有着轻度反社会行为的儿童，但是他的行为也同时在传递着他对重新获得被剥夺的爱的渴望，老师则成为他无意识中的"替代母亲"。

（二）同时遭遇与母亲相关剥夺和与父亲相关剥夺的案例

2018年发生的一起12岁少年弑母案曾引起社会的广泛关注和讨论，综合媒体报道的信息："自该少年出生开始，父母就长期在外务工，每年只能回家一两次，因此对孩子的管教很少，他一直跟着爷爷奶奶长大，老人对他比较宽松，基本没有管教，有钱就给他买零食，长期玩手机都不管，而在他10岁时，母亲生了个弟弟，所以回老家专门看管两个孩子。和爷爷奶奶不同，妈妈管教非常严格，男孩说过恨自己的母亲，此次弑母，也是因为母亲发现他吸烟后，对其打骂并将其手机砸烂，之后他用刀将母亲杀死。"②

该案例中的少年和上一案例中的孩子有类似之处，早期父母的爱与教

① 该案例为笔者在某小学的咨询案例。
② 材料来源：https://baijiahao.baidu.com/s？id=1620015631304176656&wfr=spider&for=pc。

育均是缺位的和被剥夺了。而该少年的爷爷奶奶则是用了和上文中男孩的爷爷奶奶完全相反的教育方式：纵容。纵容和慈爱不同，慈爱是在其表达攻击性或者需要时，积极帮助他渡过这一难关，但仍然会给孩子确定一些规则和底线，比如不能伤害别人、不能偷拿别人的东西等。而纵容的教育则是完全没有底线的，这样纵容的教育，虽然在早期使孩子幻想的严厉超我没有被现实应验，使其攻击性不会直接指向爷爷奶奶，但是其攻击性亦从未与爱被同步整合，母亲和父亲的缺位，会导致其攻击性很容易指向自己的父母，他们不像别人的父母那样，陪在孩子身边，给予孩子足够的爱。但是父母在外时，这种攻击性由于父母不在身边而无处着力。当母亲在其10 岁时回家以后，这种攻击性便有了具体的对象，而同时，父亲继续缺位，正如温尼科特所言的第二种剥夺的情况，没有父亲支持的母亲，很难提供一种相对安全的家庭环境来应对逐步进入青春期孩子的躁动与攻击，于是，其一，此前与母亲相关的剥夺使该少年幼年攻击性与爱未能得到整合；其二，由于母亲回来之后父亲继续缺位，这种与父亲相关的剥夺又引发青春期更加强烈的攻击性和恨意并且难以控制，很容易导致攻击性的大爆发；其三，母亲十分严厉的管教方式成为导火索，使少年的攻击性不断被诱发而愈加强烈，最终导致其抑制不住从而在母亲进行严厉管教时发生了杀害母亲的严重反社会的犯罪行为。

四 足够好的养育环境中儿童反社会倾向的转变

良好的养育环境遭遇剥夺会导致儿童普遍的防卫攻击性发展为反社会行为，那么在健康的养育环境之下，儿童防卫攻击性又是怎样被整合和发展的呢？

克莱因如此描述一个受到父母良性养育的孩子是如何克服攻击冲动而将严厉的超我转化为良心的："孩童形塑了良性而有益的父母意象，这样的意象是建基在口腔吸吮期，孩童对于宽大而仁慈的母亲的固着上。原本超我是相当残暴而深具威胁力量的，它不断下达毫无意义、自我矛盾的命令，完全无法被自我所满足；而现在，超我开始以一种更温和、更令人信服的方式规范着儿童，订定出一些合理的（能够被自我满足的）要求。事实上，当儿童能够真实地感受世界，超我就会转化成我们的良心。"（克莱因，

2017）克莱因在此指出一个宽大而仁慈的母亲，让儿童塑造良性而有益的父母意象，对其整合自己的攻击性，将其升华为建设倾向能起到关键作用。但是这种宽大而仁慈的母亲似乎有些大而泛之，到底怎样的母亲可以让孩子发生这样的转变呢？对此，温尼科特进行了进一步的讨论。

温尼科特提出了"足够好的母亲"（good-enough mother）这一精神分析的专业术语，也许这一术语正是建立在进一步讨论克莱因宽大而仁慈的母亲基础之上的。在温尼科特那里，这样的母亲并不是指一个完美的母亲，亦不是一种统一的标准，而是能够全心投入来照顾自己的孩子，积极满足孩子的需要，并且与孩子的成长相适应的母亲。① 而一个足够好的母亲，除了减少孩子的这种被剥夺感之外，还有其他的行为可以帮助孩子来整合他的攻击性。比如温尼科特提到，当婴儿在吮吸母乳时，尽管伴随的攻击对于母亲而言是非常细微的，在婴儿幻想中却可能是在凶猛地攻击母亲的身体，而这时宝宝需要有一位足够好的母亲来持续照顾他，并在他的这些攻击之中幸存下来。随着时间的推移，婴儿的安全感逐渐增强，开始对母亲产生柔情，进而产生对攻击母亲的罪疚感。这种罪疚感也正是儿童后来想要修复、建设和给予等发展性冲动的主要来源。于是，在一个足够好的母亲的帮助下，婴儿将无情的爱、侵犯性的攻击、罪疚感、关心与担忧、悲伤，以及修复、建设、给予的愿望等各种元素整合起来（温尼科特，2016）。这是婴儿的攻击性在足够好的母亲那里整合的过程，也是在克莱因那里攻击性在足够好的家庭环境中升华为建设性的过程。然而这只是第一阶段，尚有第二阶段亦如反社会倾向的第二个方面主要和父亲及父母的关系相关因素的加入。

在第二个阶段，首先，孩子对于父母的关系是十分敏感的，当父母的关系亲密而温暖时，孩子就会有足够的安全感，能够并敢于进行一些勇敢的尝试，很多时候这是攻击性的尝试，但他们并不害怕这种攻击性会造成破灭性的后果，因为父母的关系稳如磐石，共同支持着他。其次，父亲对母亲的支持，这是母亲可以更好地教育孩子的保障，母亲对于孩子来说是

---

① 此处的母亲也可以泛指婴幼儿阶段的主要照顾者，如父亲、祖父母、外祖父母等能够在此阶段积极满足孩子需要的照顾者，但由于母亲"怀胎十月"、哺乳等与孩子天然的联系，因此以母亲为此阶段最推荐的照顾者。

一个爱和温暖的对象，而孩子同样需要一个力量和威严的对象在一定程度上平衡攻击性与爱的矛盾。"孩子可以通过把慈爱留在一方身上，而去记恨另一方的方式，以此来学会同时拥有爱和恨的本事，这本身就具有稳定性的作用。"（温尼科特，2016）攻击性和爱也更容易被孩子所整合。因为当爱和攻击性指向同一个人，比如母亲时，孩子便很可能陷入不断的矛盾和冲突之中。因此，足够好的母亲无法独自承担起帮助孩子在成长中整合攻击性，将其转变为爱、建设性与给予等工作，还需要一个足够好的父亲，由足够好的父母共同构成足够好的家庭。一个能给孩子足够安全感和稳定性的场域，才能够让孩子"去享受攻击性，以及享受随之而来的满足和喜悦，继而到来的就是所有温柔的人际关系和内在个性的富足"（温尼科特，2016）。这样的孩子已经将严厉的超我转变为良心，其社会情感性亦得到良好发展。

如此，本我、自我、超我的人格结构在一种相对平衡的状态下，将儿童本身的防卫攻击性转变为爱和建设性。上文第二个案例，若是父亲能在冲突较为激烈的母子关系中发挥关键的调和与稳定作用，便不仅能够避免弑母惨剧的发生，还可以帮助孩子使其情绪发展重回正轨，以心理相对稳定健全的状态逐步步入社会。

五 中国养育传统与家庭结构

（一）父母在养育环境中的角色分工

儿童的养育主要是在家庭中完成的，而家庭的养育方式和组织结构均受到其所处的社会文化的重要影响。儿童精神分析理论是西方儿童心理学家在自身所处文化背景下实践的总结，对于西方儿童养育和治疗的有效性已经被诸多研究所证实。但若将其应用于中国儿童，则可能需要结合中国本土文化重新做一番考量。上文提及的温尼科特的有关论述——与母亲相关的剥夺是情感性的，与慈爱和支持相连，与父亲相关的剥夺则是保护性的，代表了力量和规则，明显与西方父母的养育分工密切相关。因此在他提出将慈爱和记恨分别置于父母二者以利于让孩子进行爱恨整合时，本身便呈现了慈爱属于母亲、记恨留给父亲的明显倾向。这也和弗洛伊德提出的俄狄浦斯情结相吻合。

中国精神分析学家霍大同采用精神分析的方法，分析比较了中西方文化中性概念、家庭与家庭的基本结构、神话主题以及宗教与艺术等方面的同一与差异后，做出了"俄狄浦斯情结并非中国人的无意识结构"的判断（霍大同，2000）。他认为弗洛伊德提出的俄狄浦斯情结主要是一种根植于西方文化的文化情结，而中国文化下儿子无意识中的母亲并非像弗洛伊德所认为的那样首先是将母亲认同为女人，在经过俄狄浦斯情结之后再将其认同为母亲，而主要是将母亲认同为母亲，儿子内心的矛盾恰恰在于母亲养育自己的爱和管教与控制自己的恨之间的冲突："母亲对儿子控制的欲望，儿子对母亲依赖的欲望，同时儿子又希望摆脱母亲的控制，摆脱自己对其依赖的欲望的矛盾冲突，这种冲突可概括为子代对亲代的依赖性与独立性的辩证矛盾。"（霍大同，2000）

因此，中国的母亲一方面给孩子提供感情支持和爱护，另一方面同样会管教孩子，展现规则和力量。中国的父亲也同时存在这两面，一面是与规则相关的"子不教，父之过"，另一面是与情感相连的"父慈子孝"。父母均可以扮演两个类型的角色，以达到一种相对平衡的状态，建构较好的养育环境。所以中国父母的养育角色相对具有弹性。但这种平衡若未能较好把握，或者出现相关的剥夺，则同样会导致儿童反社会行为的发生。

同时母亲作为中国养育传统中承担更多养育责任的人，在实际生活里更容易成为与孩子发生矛盾的一方。所以在此种意义下，在中国儿童养育过程中，孩子与父母发生冲突的重点可能是和母亲的矛盾，最近几年多起重大弑母案的发生，可作为一种佐证。而父亲则需要在支持和保护母亲与孩子的基础上，灵活调整自己的状态，若母亲溺爱孩子，需要给孩子树立一定的权威和规矩；若母亲对孩子过于严厉，则需要以相对慈爱的方式调解母亲和孩子的矛盾。

（二）三代同堂的家庭结构与祖辈养育

除了父母在儿童养育过程中角色分工的差异之外，中国的祖辈养育传统与西方夫妻核心家庭也是有明显区别的。费孝通先生曾将西方家庭与中国传统家庭区分为家庭与家族，因西方家庭主要由父母和子女构成，而中国乡土社会的家族则由公婆、儿媳与子女构成，其中又包含若干小家庭，结构更为复杂（费孝通，2011）。即便在当下的中国社会，三代及以上同住的直系家庭仍然占据20%以上的比例（王跃生，2013），而且虽然核心家庭是占据60%左右的大多数，但在养育孩子的实践中，父辈和祖辈相互合作仍然是十分普遍的现象（龚玲，2017）。2010年，一项七省区的调查表明，超过半数（57.05%）的65岁以上老人和子女同居共爨（王跃生，2012）。

因此，在中国儿童的成长过程中传统的祖辈养育仍然占据相当重要的位置。这一传统在中国的文化中有诸多展现，如《礼记》曰"君子抱孙不抱子"，《仪礼》祭礼中的"尸礼"亦为受祭者的孙子代替其接受祭祀，费孝通针对这一现象明言指出"孙"字本身具有重生之意（费孝通，2011），因而"祖孙亲"的现象对于祖辈具有通过血脉传递乃至重生的文化隐喻，以及减轻其死亡焦虑的重要作用。另外，中国的儿童在祖辈养育中同样能够感受到充分的爱，亦可能在父母与祖辈养育的差异中找到相对自由的空间，而不至于被父母过度压抑和控制。

然而"福祸相依"，祖辈养育的优势，如果无法以相对平衡的方式发挥，则可能会导致更糟糕的结果：其一，若祖辈与父母一同溺爱儿童，便会出现"小皇帝""小公主"等成长受阻而难以进入社会的儿童；其二，若祖辈与父母共同对儿童进行压抑和控制，则容易导致儿童的攻击性整合受到更难以反抗的阻碍，可能导致更极端的反社会行为；其三，若祖辈和父母在养育儿童的问题上出现严重分歧甚而导致激烈矛盾，在这样充斥着斗争的环境中成长起来的儿童可能将斗争归咎于自己而过度自责以致抑郁，也可能习得家里的斗争方式而容易与他人发生争吵乃至打斗。当然，这些文化性推论需要进一步的阐释和实证。

六 家庭养育的专业社会工作介入

结合上述分析，中国的家庭社会工作在面对儿童反社会行为时的专业介入具有一些具体的方向。家庭社会工作对于儿童反社会行为介入的对象是家庭，针对的主要是家庭养育环境，以及已经出现反社会行为的儿童及其家庭的养育方式。至于儿童反社会行为的遗传性和先天倾向，一方面，儿童精神分析已经通过理论和临床实践证明其是从具有普遍性的防卫性攻击倾向发展而来，只是可能对于不同个体，其倾向有一定量性的差异；另一方面，可能有极少部分个体的基因问题导致了其异于普遍性的严重的反社会倾向性，但这种极少数质性的差异由于目前其原理尚未完全明确，且主要属于生物遗传学与医学相关的专业领域，所以家庭社会工作可以对此领域的研究进展保持关注，但暂时不必将其作为主要工作方向。

家庭社会工作对此的专业介入应当继续发挥深入社区、治疗与预防并举的专业作用。第一，对于已经出现儿童反社会行为的家庭，家庭社会工作应当及时发现并链接儿童精神分析、家庭治疗等资源进行家庭治疗。对于儿童轻微反社会行为的治疗也是对其发展为严重犯罪行为的预防。而且这些家庭之所以没能提供足够好的养育环境往往是因为父母自己就未能在足够好的养育环境中成长，所以无法为孩子提供足够的情感联结和保护。社会工作者应当给此类家庭提供支持，协助父母处理好其自身成长过程中的问题，以及由成长问题带来的夫妻关系、亲子关系问题，从而能够成为足够好的父母来养育孩子。第二，对于尚未出现反社会行为问题的家庭及孩子，家庭社会工作需要未雨绸缪，通过广泛而多元的家庭教育，帮助父母了解孩子的成长特点和需求，获得更好的养育孩子的技巧，以便创造更好的家庭养育环境，从而促进儿童防卫性攻击倾向升华为社会建设倾向而非转变为反社会行为，保障儿童在较为安全稳定的养育环境中健康成长。

家庭社会工作在借鉴国外社会工作专业性经验的基础上，亦当根据中国的实际情况进行专业运用。"本土化的过程不仅仅是社会工作理论、技术与中国文化的契合过程，更可能是社会工作作为一个专业和职业与中国现行社会结构、社会发展需要契合的过程。"（赵芳，2015）因此，无论是对不够健康的家庭养育环境的治疗还是对家庭养育环境的优化，均应当根据中国当前实际的养育特点和家庭结构进行本土化的专业介入。在治疗层面，母子冲突作为和父子冲突同样重要甚至在实际生活里更常见的冲突形式应当得到更多的关注，同时将家庭本身的资源，如祖辈作为调解父母和子辈冲突的天然资源纳入家庭治疗的考量之中，友好的祖辈参与可以相对弥补现代化家庭中父母因工作压力导致的对孩子养育参与的不足。在预防层面，应支持家庭，提升父母的养育能力，协助家庭创建更好的养育环境。一种促进性的中国本土家庭养育环境显然不是只有母亲提供慈爱和情感，或父亲提供保护和规则，而是父母相互支持，并在角色分工中具有弹性。可以根据家庭本身的实际情况构建相应的平衡，协助儿童在获得充分情感联结的同时也拥有一个相对自由的空间，来发展那些在中国的家庭文化中被相对压抑的创造性和主体性，从而能够以更有个人特点的方式成长和社会化。

参考文献

安琪，2020，《保护、惩治与预防——我国少年司法制度变迁七十年（1949—2019）》，《中国青年研究》第 2 期。

陈玮璐，2021，《青少年犯罪防治与最低刑事责任年龄规定之修改》，《中国青年研究》第 2 期。

费孝通，2011，《乡土中国　生育制度　乡土重建》，北京：商务印书馆。

龚玲，2017，《三代同堂家庭祖辈和父辈共同养育研究》，硕士学位论文，华东师范大学。

霍大同，2000，《是俄底蒲斯情结还是代情结——对母亲与儿子的梦的精神分析》，《社会科学研究》第 2 期。

刘易平、卢立昕，2015，《"童子操刀"：潘光旦关于青少年反社会行为的人文生物学分析》，《北京青年研究》第 1 期。

梅兰妮·克莱因，2017，《爱、罪疚与修复》，吕煦宗等译，北京：九州出版社。

唐纳德·温尼科特，2016，《妈妈的心灵课——孩子、家庭和大千世界》，魏晨曦译，北京：中国轻工业出版社。

唐纳德·温尼科特，2019，《家是我们开始的地方》，陈迎译，北京：世界图书出版公司。

滕洪昌、姚建龙，2017，《少年司法与心理学的整合：一个初步的探讨》，《中国青年研究》第 7 期。

王跃生，2012，《城乡养老中的家庭代际关系研究——以 2010 年七省区调查数据为基础》，《开放时代》第 2 期。

王跃生，2013，《中国城乡家庭结构变动分析——基于 2010 年人口普查数据》，《中国社会科学》第 12 期。

赵芳，2013，《家庭社会工作的产生、实质及其发展路径》，《广东工业大学学报》（社会科学版）第 3 期。

赵芳，2015，《社会工作专业化的内涵、实质及其路径选择》，《社会科学》第 8 期。

Winnicott, D. W. 1965. *The Maturational Processes and the Facilitating Environment.* London：The Hogarth Press and the Institute of Psycho-Analysis.

【儿童、家庭社会工作研究】

西方促进低收入家庭学龄前儿童健康发展的
有效措施及启示[*]

华红琴　张雯雯[**]

　　摘　要　本文旨在探索促进低收入家庭学龄前儿童健康成长的早期干预措施，以期为我国困境儿童社会工作精准化服务提供经验借鉴。运用系统综述法，从 7 个数据库中获得 15 项随机对照实验研究，有以下发现：（1）干预目标围绕生理－心理－社会三个层面，即健康饮食指导与锻炼、亲子联结与积极情绪、社会认知与学业准备；（2）重要的干预路径是家长教养指导；（3）具体干预方法是通过定期家长小组、家庭学习包、家庭访视，联动社区与幼儿园，优化儿童成长的环境系统；（4）对幼儿持续早期干预能有效促进儿童将来的学校适应、学业表现、情绪控制与社交技能提升。本文建议，我国困境儿童社会工作服务应当往前端移，以发展性社会工作服务为理念，从家庭教养指导切入，强化学龄前儿童学习准备，优化环境，促进儿童健康成长，构建"家庭为本－四社联动"学龄前困境儿童服务体系。

---

　　[*]　本文系国家哲学社会科学基金 2017 年一般项目"城市高风险家庭儿童保护性因素与社会工作介入策略研究"（17BSH114）阶段性成果。

　[**]　华红琴，上海大学社会学院副教授，研究方向为儿童社会工作、残障社会工作；张雯雯，上海大学社会学院博士研究生，研究方向为儿童社会工作。

关键词　学龄前儿童　干预研究　低保家庭　困境儿童

一　问题提出

贫穷是影响低收入家庭儿童健康成长的重要风险因素（Kaminski et al.，2013）。低收入家庭儿童的身体和心理健康状况一般或较差的可能性比中等收入家庭儿童高五倍（Martinez and Kawam，2014）。[①] 高风险的家庭环境往往会削弱父母采用最佳养育方式的能力（Evans，2004），导致儿童在社交情绪等方面发展迟缓，阻碍儿童的学业进步，并随着儿童的成长差距不断扩大，最终开启终身成绩不佳和就业不足的轨道（Case et al.，2002；Ryan et al.，2006）。低收入家庭的儿童更可能受到较差的饮食质量和肥胖的严重影响（Freedman et al.，2005），这些儿童长大成年后，患肥胖（Power et al.，2003）和心脏病的风险更大（Gliksman et al.，1995；Kaplan and Salonen，1990）。

人类和动物研究都指出生命开始的最初几年对建立大脑结构和其他生物系统至关重要，这些结构、系统将塑造未来的认知、社交和情感发展，以及影响身体和心理健康（Blair and Raver，2012；Knudsen et al.，2006）。幼儿与照顾者之间的依恋关系极大地影响着儿童以后的适应能力，依恋的质量也是儿童认知能力的基础（豪，2013）。毋庸置疑的是有必要在生命早期进行干预，学前投资可以有效地替代而不是弥补敏感的家庭环境（Ramey and Ramey，1998），缓冲贫困对儿童早期发展的不利影响。

经济上没有效用的儿童，在情感上具有无价性。美国著名社会学家泽利泽认为，孩子具有社会文化属性和道义上的"无价性"，对待儿童，"需要在市场机制的重重包围中穿越而出，形成一个非常规的市场，由非经济的标准来规制"（泽利泽，2008）。开展儿童社会工作服务需要这样的视角。

我国有庞大的低收入家庭，截至 2021 年 10 月，中国低保户数有 2406.8 万户（民政部，2021），低保家庭儿童数量不容小觑。我国儿童福利保障制

[①]　我国所使用的"困境儿童"术语，其内涵类似于西方国家所指称的"低收入家庭儿童、高风险家庭儿童、处境不利儿童"。

度日渐完善，针对困境儿童的服务以及研究文献已经很多，但对学龄前儿童关注较少，针对低收入家庭学龄前儿童健康发展的干预研究暂付阙如。如何缓冲贫困对儿童早期发展的不利影响？西方学术界针对学龄前儿童的实证研究成果较为丰富，可以为我国学术研究及政策制定提供参考，具有积极的实践意义。

本文运用系统综述方法，对西方促进低收入家庭学龄前儿童健康发展的有效干预措施进行梳理归纳，分析干预对象与路径、目标与内容、特点与成效，为我国学龄前困境儿童社会工作服务介入提供经验与启示。

二　研究方法

本文运用系统综述方法探索促进低收入家庭学龄前儿童成长的干预策略。系统综述方法是一种利用现有研究来了解特定领域研究活动的广度、目的和范围的可行性方法（Gough and Thomas，2012）。系统综述方法可以整理、描述与研究问题有关的可信度较高的所有现有研究，有着严格客观的文献筛选过程，从而避免研究者的主观价值偏见，可以为研究者了解目前的学术研究成果状况提供可信的依据。系统综述方法分三个步骤展开，首先设置纳入研究的标准——PICO，然后从相关数据库中找出符合 PICO 入选标准的研究，最后进行文献筛选，选择符合条件的研究进行综合分析。下面将阐释本研究系统综述的步骤与过程。

（一）入选标准——PICO

P（Population，群体）：研究对象主要是低收入家庭的学龄前儿童及其家长。此处主要指身体健康，无残障等问题，但因家庭经济贫困而影响成长的 0~6 岁的学龄前儿童。各国对儿童入学年龄的规定有所不同，6 岁涵盖了大部分国家对儿童入学年龄的规定。

I（Intervention，干预）：促进低收入家庭学龄前儿童健康成长的干预措施。学龄前儿童最重要的社会化途径是家庭，其次是幼儿园和社区，因此，除了对学龄前儿童直接干预，还需对家庭（教养者）、幼儿园（老师）进行干预并做社区层面的改善。

C（Comparison，比较）：干预措施的效果将通过横向和纵向比较的方式呈现。横向研究是对应用了干预措施的实验组的结果和没应用干预措施的控制组的结果进行比较。纵向研究是比较干预前后变化或干预效果随着时间推移的变化情况。为保证干预措施效果检测客观，本文所选干预研究均为随机对照实验研究。

O（Outcome，结果）：干预结果为促进学龄前儿童的健康发展，包括生理、心理、社会三个层面。生理层面表现为身体健康、减少肥胖等；心理层面指社会认知技能提升、情绪积极等；社会层面包括学校适应、学业成绩提升。

本研究重在向西方发达国家学术撷英，仅包括在经合组织（OECD）国家开展的研究。考虑到时效性以及借鉴的可行性，所选定的研究是最近十年已经见刊的英文文献。

（二）搜索策略

本文搜索研究文献所使用的数据库为 PubMed、JSTOR、Scopus、Springer、Web of Science、Wiley、ERIC，通过 Sci-Hub 等相关网站获取文献全文。本文所使用的资料均通过线上访问获得，按照入选标准（PICO）延伸出来的字符，在查询框里进行关键词搜索。例如，关键词为低收入家庭儿童（Children from Low-income Families）、干预（Intervention）、随机对照（RCT）、项目（Project）、低收入地区（Low-income Areas）、预防（Prevention）、改变（Change）、健康成长（Grow Healthy）、身体健康（A Healthy Body）、认知（Cognitive）、情绪（Mood）、学业（Academic）。文献类型选择期刊文章，语言为英语。年份设置为 2011～2021 年。

（三）筛选与确定研究

根据文章标题和摘要筛选与确定研究，获取符合入选标准（PICO）的研究进入下一步分析工作，反之则排除入选。搜索结果产生了 1883 篇文章，其中 42 篇被认为符合初步筛选标准，并下载文章全文。

为保证研究的质量，本文最终选定的文献均出自学术核心期刊。在 42 篇进入全文筛选阶段的文章中，有 15 篇文章被确定为包含了促进低收入家庭学龄前儿童健康发展有效干预措施的研究。此外，有 5 篇文章因儿童年龄不符合被排除；有 3 篇文章因研究对象不满足身体无疾病、心理健康等要求被排除；有 2 篇文章因不是来源于核心期刊被删除；由于没有写具体干预措施、缺乏项目有效性评估、评估干预措施无效，9 篇文章被剔除；因研究设计不符合本文的研究目的，有 8 篇文章被删除（见图 1）。

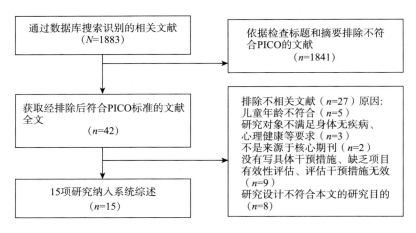

图 1　筛选流程

三　研究发现

按照本研究设定的搜索策略，有 15 篇文献符合所有入选条件被选定，从干预时长来看，8 个项目为 2~3 个月的短期项目，有 2 个为 4~6 个月的中期项目，还有 5 个项目干预时长超过半年甚至高达 5 年，具体信息见表 1。下面我们从干预对象与路径、干预目标与内容、干预特点与成效等方面，呈现西方国家对于低收入家庭学龄前儿童成长促进干预的特点与策略。

表 1　纳入系统综述的 15 项研究基本信息

年份	地点	干预项目名称	干预对象	干预方式	干预时长
2011	美国	养育的骄傲项目（PIP）	母亲	家访、亲子小组	1 年
2012	洛杉矶	家长培训	父母	课程培训	12 周
2012	巴尔的摩市	"触摸屏上的教育模块"	父母	课程培训	6 个月

续表

年份	地点	干预项目名称	干预对象	干预方式	干预时长
2013	美国	数字感干预	儿童（幼儿园）	小组	8 周
2013	纽约	家长团（Pt）	父母、老师、儿童（4 岁）	课后小组	4 年
2013	宾夕法尼亚州	游戏研究	母亲和儿童（$M = 30.33$ 个月）	课程培训	10 个月
2013	洛杉矶迈阿密	儿童遗产项目	母亲和儿童（产前到 3 岁；0～5 岁）	家长小组社区活动	3 年、5 年
2013	韩国	基于依恋的认知行为方法（ACBA）	母亲和儿童（12～36 个月）	小组会议	10 周
2014	美国	HH 项目	父母、儿童（3～5 岁）	课程手册	14 周
2014	葡萄牙	视频反馈干预促进积极育儿和敏感管教（VIPP-SD）	父母和儿童（1～4 岁）	家访	4 个月
2016	美国	阅读理解监控	儿童（$M = 57.07$ 个月）	小组	8 周
2016	宾夕法尼亚州	REDI 项目	父母和儿童（$M = 4.48$ 岁）教师	课程、家访	1.5 年
2017	首尔	学术词汇学习干预	儿童（5 岁）	阅读绘本	7 周
2017	纽约	社区父母教育计划（FSSP）	父亲和儿童（$M = 4.76$ 岁）	小组	8 周
2019	费城	食物、乐趣与家庭（FFF）	母亲	小组会议	12 周

注：为准确介绍干预项目名称，将部分名称英文列出。家长培训（Parent Training Program）、游戏研究（Play-Based Experimental Study）、HH 项目（Hip-Hop to Health）、REDI 项目（REDI-Classroom Program、REDI-Parent program）

（一）干预对象与路径

1. 父母是最主要的干预对象

0～6 岁是个体生命早期阶段，家庭是其最重要的生活场所，也是儿童社会化的主要途径，婴幼儿的健康成长依赖于父母或主要照顾者的教养行为、资源与选择。随着儿童的成长，进入幼儿园，学校系统对个体成长的影响日渐增加，教师、课程教学也发挥着不可或缺的作用。本研究纳入系统综述的 15 项研究中，有 12 项的干预对象包括父母（母亲居多），其中 5 项针对母亲、1 项针对父亲、6 项包含父母双方，而仅对儿童直接干预的研究只有 3 项；此外，有 2 项研究包含幼儿园教师。可见，在学龄前阶段，主要通过对儿童教养者的干预来促进儿童健康成长。

2. 家长教养指导是最重要的干预路径

家庭教养方式深刻影响孩子的人格、自我、行为与认知发展。低收入家庭父母教养方式存在诸多问题，加上家庭各种风险因素，导致儿童入学后认知能力不足、存在情绪行为问题，学业不良发生率高。通过对纳入系统综述的 15 项研究的综合分析，本文发现，对低收入家庭儿童进行早期干预的最重要路径是家长教养指导，具体方式有家长小组（团体辅导）、家庭学习包、家长培训以及家庭探访。15 项研究中有 8 项采用家长小组（团体辅导）方式；6 项研究中运用科学研发的、结构化的课程培训，并就教养知识技能提供培训与咨询；3 项研究通过定期家庭访视，为家长提供咨询辅导、讨论养育问题、传授教养技巧策略。这些方式并非单独使用，经常是 2 种或 3 种形式共同运用。教养指导内容广泛，包括健康食物选择、增加营养养育知识、改善家庭饮食环境（餐具大小、食物分量，食物类型等）、亲子互动、社交情绪技能、教养敏感性训练、育儿策略、互动阅读等。

（二）干预目标与内容

15 项针对低收入家庭学龄前儿童健康发展的有效干预研究可分为生理、心理、社会三大类。具体干预目标与内容见表 2。

生理层面聚焦婴幼儿科学喂养与健康饮食，包括 4 项研究：食物、乐趣与家庭（FFF），家长培训，"触摸屏上的教育模块"，HH 项目。

心理层面关注亲子互动、依恋、积极情绪、心理健康，有 5 项研究：基于依恋的认知行为方法（ACBA）、游戏研究、社区父母教育计划（FSSP）、视频反馈干预促进积极育儿和敏感管教（VIPP-SD）、儿童遗产项目。

社会层面着力提升学龄前儿童认知技能和学业表现，增加他们的词汇量，提升其数字感、语言技能，缩小与其他儿童在学业表现上的差距，使其能够在上小学后较好地适应学校生活，获得良好的学业表现，有 6 项研究：REDI 项目、阅读理解监控、学术词汇学习干预、数字感干预、养育的骄傲项目（PIP）、家长团（Pt）。

表 2　干预目标与内容

干预类别	干预目标	项目名称	干预内容
科学喂养 健康饮食 （生理）	健康饮食，减少固体脂肪、糖的摄入	食物、乐趣与家庭（FFF）	对母亲进行权威食品养育指导（健康食物选择、限制高 SoFAS、低糖、儿童餐具选择、鼓励强化等）
	预防儿童超重，降低儿童体重指数	家长培训	9 次家长培训教育课程（营养健康、体育活动知识，奖赏、行为矫正策略等）
	增加父母营养和喂养知识	"触摸屏上的教育模块"	触摸屏，5 个营养喂养教育模块（母乳喂养、配方奶喂养、固体食物、牛奶和果汁）交互式教育学习
	肥胖干预、预防儿童超重，降低儿童体重指数	HH 项目	儿童：课程包，每周 3 次健康营养课程（健康营养知识）、课后 20 分钟体育活动锻炼 家长：6 课时教育培训（营养及活动知识，行为奖赏与惩罚，有效表扬等）；选择健康食品、食品安全、预算和体育活动教育，帮助孩子完成每周与健康饮食和活动有关的家庭作业
心理健康 积极情绪 （心理）	促进母婴互动 婴幼儿心理健康	基于依恋的认知行为方法（ACBA）	每周一次，共 10 次基于依恋的 AC-BA。干预方案：包括咨询、教育和游戏环节，学习依恋概念原理，剖析童年依恋经历、与父母冲突，观察记录与婴儿冲突及自我情绪和行为反应；学会控制情绪、与孩子积极互动
	提升幼儿积极的社会情绪、合作性	游戏研究	母亲接受"儿童导向型游戏"培训；观察记录母亲在实验室与家里和孩子进行游戏玩耍的情况。母亲被要求每天在家里和孩子进行一对一的游戏活动。共持续 10 周
	提升父亲教养参与水平与育儿知识技能；改善儿童行为与亲子互动	社区父母教育计划（FSSP）	每周一次，90 分钟，共享阅读亲子游戏
	促进积极亲子互动 积极养育	视频反馈干预促进积极育儿和敏感管教（VIPP-SD）	6 次家访干预方案：亲子互动视频反馈干预，父母敏感性训练、积极管教策略
	提升养育效能，促进积极亲子互动，降低儿童 ADHD 等情绪行为问题	儿童遗产项目	每周家长小组会议，讨论养育主题。具体养育主题包括：敏感回应、情感、建立和维持常规、纪律、玩耍和创造力、语言和培养学校准备

续表

干预类别	干预目标	项目名称	干预内容
社会认知学业表现（社会）	加强学业准备，减少学前差异；提升认知技能、社会情感、语言读写技能、学业表现	REDI 项目	幼儿园干预：培训教师、课堂教学课程包（互动阅读、声音游戏等培养儿童语音识别、词汇与口语技能）家庭干预：家长培训，儿童行为情绪控制等育儿技巧，家庭学习课程包（游戏学习、亲子互动阅读等）
	阅读理解监控提升口语技能	阅读理解监控	每天 5 分钟、每周 4 次课程培训
	增加学术词汇量	学术词汇学习干预	精选图画书，指导儿童阅读故事，教授学术词汇
	提升儿童数学能力	数字感干预	数字识别游戏、数字知识、排序等数字教学
	提升育儿知识技能改善保健资源利用改善养育环境	养育的骄傲项目（PIP）	32 次家庭访问：标准化课程（婴儿养育知识技能、医疗保健社会资源的利用、视觉教具、游戏等）16 次团体辅导：亲子游戏、养育议题讨论
	促进儿童自我调节，提升儿童学业表现，缩小差距	家长团（Pt）	课后家长小组（养育指导，提升教养技能，鼓励教养参与）；儿童小组（游戏活动，积极行为支持，情绪行为控制方法）；幼儿园教师专业发展小组（培训、个别咨询）

（三）干预特点与成效

1. 生理层面：聚焦"科学喂养、健康饮食、减少肥胖、体锻指导"

低收入家庭的儿童更可能受到较差的饮食质量和肥胖的严重影响。肥胖作为一种流行病，还会引发与之相关的并存疾病。儿童的肥胖早在学龄前就出现了（Wilcox et al.，2018），如果不进行干预，肥胖儿童一直肥胖到成年，将会增加不良健康结果的风险（Olshansky et al.，2005）。父母在儿童饮食的种类、数量、行为习惯中发挥着核心作用，有必要让父母参与到预防儿童肥胖的干预中，在儿童的生命早期培养健康行为。

通过家长小组、课程培训方式向家长传授权威饮食喂养做法以及体育活动信息知识。家长小组以权威食物养育理论为指导，强调家长在喂养中使用结构化和自主支持两方面相结合的策略。结构化包括建立饮食习惯、设定限制等，自主支持指有效的表扬、对儿童饥饿和饱足暗示的反应等（Fisher et al.，2019）。还涉及改善家庭饮食环境，使用儿童餐具、提供适宜分量，限制食用糖果、薯片、甜点等高能量的食物，鼓励提供更健康的水果、低脂牛奶、蔬菜等食物（Fisher et al.，2019）。

课程培训内容包括：根据膳食指南，编制健康食品及普通家庭可以去吃饭的餐饮场所列表；教导家长实践自我监控等矫正策略；向父母传授选择食物的策略，强化孩子对水果蔬菜的偏好；减少影响健康生活方式障碍的策略（Slusser et al.，2012）。针对儿童的培训课程使用丰富多彩的木偶代表主要的食物组（谷物小姐、水果小姐等），强化儿童与食物选择有关的概念；教导游戏活动、热身、有氧运动，加强体育锻炼（Buscemi et al.，2014）。

低收入家庭在卫生和社会服务系统方面有负面经历，他们不易获得所需的社区资源，包括产前护理和养育指导（Katz et al.，2011）。这些家庭的父母受教育程度普遍较低，在寻找低成本、简单创新有效的健康养育信息时有不少障碍（Darcy et al.，2012）。通过运用文本、图像和音频相结合的方式，传授关于母乳喂养、配方奶喂养、固体食物、牛奶和果汁等主题的营养和喂养知识（Darcy et al.，2012），鼓励家长更多使用保健与福利资源。

2. 心理层面：改善亲子互动，增加积极情绪

低收入家庭会因经济逆境、受损的社会支持、增加的生活压力等多重因素威胁着养育质量（Evans，2004）。例如，贫困会对母子间的安全依恋产生负面影响，不安全依恋的传播会导致母婴间消极互动的恶性循环，从而增加儿童情绪、心理健康问题的风险（Madigan et al.，2007）。低收入家庭通常可以得到日常生活所需物质条件方面的援助（例如，社会住房、补贴）。然而，这种援助在将家庭提高到贫困线以上方面往往是无效的，通常忽略了对养育、教养方面的帮助。

婴幼儿的父母控制着他们孩子的大部分近端环境，包括安全稳定的亲子关系、促进认知的活动、提供营养食品、获得卫生保健等（Kaminski et al.，2013）。贫困的代际传递确实与父母提供的养育质量较差有关。父母养育的一个重要方面是敏感，即父母感知孩子信号，并正确解释它们，迅速、适当地做出反应的能力。已有大量证据表明，对父母的干预项目可以有效地提高父母的敏感性（Bakermans-Kranenburg et al.，2003）。大多数对贫困家庭的干预研究通常只包括母亲作为参与者，较少有专门关注改善父亲养育行为的研究。其实，父亲积极参与孩子的生活，随着时间的推移，更有可能使孩子的破坏性行为问题减少（Ramchandani et al.，2013）。

对亲子互动、积极情绪方面的有效干预研究有五种。①家长培训，包括咨询、教育、游戏三个组成部分，通过认知行为治疗等技术，改善其与婴幼儿的关系，学习与孩子分享积极情绪和建立信任的策略，从而与孩子建立更积极的信任与依恋关系（Butterfield et al.，2003）。②亲子互动游戏。传授与孩子游戏的技巧与策略，练习与孩子一起游戏，鼓励母亲使用这些游戏技巧，如加入、跟随孩子的引导、奖励，避免命令、批评、提问孩子（Kochanska et al.，2013）。③亲子共享阅读。以孩子为中心，将讨论、角色扮演等方法整合进共享阅读当中，提升父母育儿技能，改善亲子关系（Chacko et al.，2017）。④标准化的家访，科学确定主题、提示和练习，在每次家访中，首先对母亲和儿童的互动进行录像，然后对前一次会议的录像进行反馈。依靠视频反馈技术来提高父母的敏感性和积极的纪律策略（Negrão et al.，2014）。⑤通过小组、社区活动，为母亲提供一个讨论不同育儿策略的论坛，具体的养育主题包括敏感回应、情感、创造力、语言等，并为母亲的育儿选择提供社区支持，旨在促进母亲形成积极的养育行为和建立亲密的母子互动（Kaminski et al.，2013）。

3. 社会层面：加强学业准备，提升认知技能与社会情感

从幼儿园向小学的过渡对于儿童来说颇有困难，对于低收入家庭的儿童尤其如此（Cooper et al.，2010）。因为贫困普遍与父母的受教育程度低及生活条件较差相关，并导致低收入家庭的儿童在学业、社会情感的入学准备方面表现迟缓。

充分的入学准备包括较强的认知能力、丰富的词汇量、口语交流技能、数学技能、社交情感技能等。语言理解监控是日常交流和阅读理解的必要技能，是一种反思和评估一个人对口语或书面文本理解的能力（Baker，1984）。学术词汇更是对学生理解教学材料和课堂教学内容有关键的影响，丰富的词汇量利于学生理解教师的指导、熟悉课堂文化、参与课堂活动（Green and Dixon，1993）。早期的数字感是日后在数学上取得成功的有力预测因素，重要科学技术研究都对数学学科有一定的要求。社交情感技能对入学后的同辈关系、师生关系有重要影响。已有研究表明，低收入家庭的儿童面临理解监控失败（Kim and Phillips，2014）、学术词汇发展滞后

（Hoff，2003）、数字能力较弱（Jordan and Levine，2009）、社交情感技能低的风险（Bierman et al.，2016），在入学时处于非常不利的地位。对入学准备的干预可以为儿童、家庭带来长期的利益，比如提高成绩、降低犯罪率和更好地就业等。

对入学准备的有效干预方法主要有以下几个方面。①幼儿园教学包与家庭学习包。幼儿园教学包为编制课程手册，通过故事、木偶、照片和角色扮演示范向儿童传授关键的社交情感技能，如合作、情感理解、自我控制，对幼儿园教师也开展了个别咨询、培训等针对专业发展的小组活动。家庭学习包是通过定期家访，指导家长学习课程，课程内容包括社交情感技能、字母发音识别。为便于受教育程度较低的父母使用，所有的活动材料都嵌入了指导方针和插图，降低对读写的要求（Bierman et al.，2016）。②互动阅读、声音游戏等促进语言和读写技能发展，提升儿童理解与口语表达能力。设计理解监控教学程序，每次给儿童听一篇短篇故事，然后要求儿童找出故事中没有任何意义的部分，故事内容的矛盾从外部过渡到内部（Kim and Phillips，2016）。③学习（学术）词汇。从幼儿园和小学课堂教学记录、小学教科书和幼儿园课程指南的语料库中，提取三类学术词汇：日常生活中常用的一般词汇，如狗、书；学科中使用的一般词汇，如分析、总结；特定学科词汇，如半径、光合作用。根据高频学术词汇选择相应的绘本给儿童阅读（Kim，2017）。④数字感训练。通过数字识别游戏、数字排序、手指使用等系统小组活动，有目的地教儿童计数、比较和操作集合相关的整数概念（Dyson et al.，2013）。⑤家长小组会议与培训。讨论家庭养育技巧，增加积极的行为支持（如培养亲子互动、强化能力）、有效的行为管理（如设置限制）、家长教养参与（如鼓励学习、分享书籍、家长和老师交流）。对于学生，使用玩偶、游戏、积极行为支持和系统的行为管理方法来提升孩子的自我调节技能（Brotman et al.，2013）。

四 研究结论与启示

（一）研究结论

生命周期理论认为人生中上一阶段的生活质量会对下一阶段有关键性

影响（乔东平，2015），埃里克森心理社会发展阶段理论也明确指出，前一阶段的发展是后一阶段发展的基础，若能以积极的方式顺利克服危机进入下一阶段，预示着个体拥有积极的自我美德与优势，更易于解决后一阶段的发展问题。学前期是学龄期的准备阶段，为儿童适应学校生活、学业成功、获得勤奋与能力感奠定基础。精神分析理论尤其重视婴幼儿期的人格发展，认为早期亲子互动关系将深刻影响个体人格健康发展。本文聚焦低收入家庭的学龄前儿童，投资儿童早期干预，不仅关乎个体、家庭的幸福，更是一项应对经济发展新常态和人口老龄化的重要战略（彭希哲、胡湛，2011）。国外对低收入家庭学龄前儿童的干预研究目前已经进入了一个相对稳定的阶段，本文通过对 15 项西方国家促进低收入家庭学龄前儿童健康发展的随机对照干预研究的分析，得出以下研究结论。

（1）立足生态系统视角，从"生理－心理－社会"层面，践行"家庭－学校－社区"联动，对低收入家庭学龄前儿童进行干预。

（2）干预方案（学习包）的设计科学而系统，遵循学龄前儿童心理发展规律，结合低收入家庭教养特点及儿童发展问题，运用依恋、社会学习、认知行为、游戏活动、社会情感等理论工具，整合社区资源实施与评估，确保干预富有成效。

（3）坚持"以家庭为本"干预理念，通过家长小组、家长培训、家庭访视、家庭学习包等方式，对家长进行教养指导；同时，联动社区与幼儿园，对教师进行培训、提供咨询，优化儿童成长的环境系统。

（4）通过家长培训、家庭访视与技能训练，提升家长教养参与水平、养育技能，强化父母角色意识，形成良好的亲子互动，增加儿童积极情感与社会合作，有利于儿童心理健康。

（5）干预、改变是个过程，系统、定期、规律性、持续性的干预，能发挥远端积极效应，在学龄前进行早期干预获得的成效，在小学二三年级仍然发挥作用。

（二）启示与建议

1. 困境儿童社会工作服务往前端移，加强学龄前困境儿童早期干预

近年来，国务院密集出台加强困境儿童保护与服务介入相关政策规定，各级政府也纷纷响应，以项目化方式，由社会组织承接，为困境儿童提供

社会工作服务，但目前对于 0 ~ 6 岁学龄前困境儿童的服务介入甚少，服务对象以学龄儿童为主，低龄幼儿服务非常少。西方国家非常重视对于高风险、低收入家庭等不利处境儿童的早期干预，早期干预达到事半功倍的效果，为儿童在童年期、青春期健康发展奠定良好的基础。

2. 构建"家庭为本－四社联动"的学龄前困境儿童服务体系

家庭是学龄前儿童生活与社会化最主要的场所，父母（教养者）作为婴幼儿第一任教师，与孩子有最密切的互动联结，父母承担"决策者"和"守门人"角色功能。促进学龄前困境儿童健康成长，必须坚持"家庭为本"服务理念，在"服务儿童"的同时，还需要加强"家庭干预"。

"人在情境中"，儿童成长的社会环境还包括学校、社区，对于学龄前儿童的服务应充分调动社会资源，以"社区家庭教育指导中心"为基点，整合社区文化活动中心、儿童之家、睦邻中心等社区资源，形成"社区－社会组织－社会工作者－社会力量"四社联动，构建"家庭为本－四社联动"学龄前困境儿童服务体系。

3. 面向家庭，开展系统科学的家庭教养指导

良好的教养方式有利于孩子形成健康人格与社会行为，困境儿童家庭教养方式存在诸多问题和风险，而目前困境儿童社会工作服务主要聚焦"儿童"本身，甚少对父母及教养者开展服务介入。本文建议研发"家庭课程学习工具包"，系统地为父母及教养者提供科学育儿知识，开展家长小组、家庭访视，提升家长教养参与水平和养育技能，为儿童健康成长保驾护航。

4. 面向儿童，强化学习准备，提升认知与社交技能，促进心理健康

家庭风险与不利境遇对儿童造成的主要危害是"学业不良"。研究表明，困境家庭教养者对于孩子的"学业准备不足"，影响儿童社会认知功能发展。加强学业准备，提高认知技能，有利于降低入学后情绪障碍、行为偏差、成绩不良发生的风险。因此，本文建议，对学龄前困境儿童开展学业准备等服务，提升其社会心理功能。设置家庭学习空间（配备书桌、书架、书籍），学习数字、词汇，开展互动绘本阅读，训练口语表达能力，使儿童在游戏中学习与成长。社区家庭教育指导中心可开设各类小组活动、周末课堂，为儿童学习营造支持环境。

儿童发展呈阶段性、连续性、交互性、差异性特征，"年龄"是重要的变量，不同年龄儿童有其特定的发展任务与关键点；应充分考量环境变量影响，注重贫困家庭的独特性以及贫困对儿童健康成长的具体影响。因此，社会工作服务介入需综合个体、家庭与环境各方面因素，设计合理适宜的干预方案。

干预是个过程，需要维持一定时间长度；干预方案的研发需要注重理论的指导并强调不同部门、专业之间的合作，基于不同理论视角对于低收入家庭学龄前儿童的需求与问题有不同的解读，进而也会有不同的干预方式和路径，应结合在地性与文化性；在项目的设计与实践中还应注重不同部门、专业的合作。学龄前儿童的健康成长涉及生理、心理、社会情感、入学准备等多个方面，需要整合家庭、学前教育学校、社区、医院等部门的资源，形成合力，助力儿童健康成长。

参考文献

大卫·豪，2013，《依恋理论与社会工作实践》，章淼榕译，上海：华东理工大学出版社。

民政部，2021，《2021 年 10 月份民政统计分省数据》，http://www.mca.gov.cn/article/sj/tjyb/2021/202110fssj.html。

彭希哲、胡湛，2011，《公共政策视角下的中国人口老龄化》，《中国社会科学》第 3 期。

乔东平，2015，《困境儿童保障的问题、理念与服务保障》，《中国民政》第 19 期。

泽利泽，2008，《给无价的孩子定价：变迁中的儿童社会价值》，王水雄等译，上海：格致出版社。

Adler, N. E. and Newman, K. 2002. "Socioeconomic Disparities in Health: Pathways and Policies." *Health Affairs* 21 (2): 60 – 76.

Baker, Linda. 1984. "Children's Effective Use of Multiple Standards for Evaluating Their Comprehension." *Journal of Educational Psychology* 76 (4): 588 – 597.

Bakermans-Kranenburg, Marian J., van I. Jzendoorn, Marinus H., and Juffer, Femmie. 2003. "Less Is More: Meta-analyses of Sensitivity and Attachment Interventions in Early Childhood." *Psychological Bulletin* 129 (2): 195 – 215.

Bierman, K. L., Heinrichs, B. S., Welsh, J. A., Nix, R. L., and Gest, S. D. 2016. "Enriching Preschool Classrooms and Home Visits with Evidence-based Programming: Sustained Benefits for Low-income Children." *Journal of Child Psychology and Psychiatry* 58

（2）：129 – 137.

Blair, Clancy and Cybele C. Raver. 2012. "Child Development in the Context of Adversity Experiential Canalization of Brain and Behavior." *American Psychologist* 67 （4）：309 – 318.

Brotman, L. M., Dawson-McClure, S., Calzada, E. J. et al. 2013. "Cluster (School) RCT of Parent Corps: Impact on Kindergarten Academic Achievement." *Pediatrics* 131 （5）：1521 – 1529.

Buscemi, J., Odoms-Young, A., Stolley, M. L., Blumstein, L., Schiffer, L., Berbaum, M. L., and Fitzgibbon, M. L. 2014. "Adaptation and Dissemination of an Evidence-based Obesity Prevention Intervention: Design of a Comparative Effectiveness Trial." *Contemporary Clinical Trials* 38 （2）：355 – 360.

Butterfield, P. M., Martin, C. A., and Prairie, A. P. 2003. *Emotional Connections.* Washington, DC: Zero To Three.

Case, Anne, Darren Lubotsky, and Christina Paxson. 2002. "Economic Status and Health in Childhood: The Origins of the Gradient." *The American Economic Review* 92 （5）：1308 – 1334.

Cerezo, M. A., Pons-Salvador, G., and Trenado, R. M. 2008. "Mother-infant Interaction and Children's Socio-emotional Development with High- and Low-risk Mothers." *Infant Behavior and Development* 31 （4）：578 – 589.

Chacko, A., Gregory A. Fabiano, Greta L. Doctoroff, and Beverly Fortson. 2017. "Engaging Fathers in Effective Parenting for Preschool Children Using Shared Book Reading: A Randomized Controlled Trial." *Journal of Clinical Child & Adolescent Psychology* 47 （1）：79 – 93.

Cooper, C. E., Crosnoe, R., Suizzo, M. A., and Pituch, K. A. 2010. "Poverty, Race, and Parental Involvement During the Transition to Elementary School." *Journal of Family Issues* 31 （7）：859 – 883.

Darcy, Thompson A., Ashish Joshi, Raquel G. Hernandez, Megan H. Bair-Merritt Mohit Arora, Rubi Luna, and Jonathan M. Ellen. 2012. "Nutrition Education Via a Touchscreen: A Randomized Controlled Trial in Latino Immigrant Parents of Infants and Toddlers." *Academic Pediatrics* 12 （5）：412 – 419.

Dyson, N. I., Jordan, N. C., and Glutting, J. 2013. "A Number Sense Intervention for Low-Income Kindergartners at Risk for Mathematics Difficulties." *Journal of Learning Disabilities* 46 （2）：166 – 181.

Evans, G. W. 2004. "The Environment of Childhood Poverty." *American Psychologist* 59 （2）：77 – 92.

Fabiano, Gregory A. 2007. "Father Participation in Behavioral Parent Training for ADHD: Review and Recommendations for Increasing Inclusion and Engagement. " *Journal of Family Psychology* 21 (4): 683 – 693.

Fisher, J. O. , Elena L. Serrano, Gary D. Foster et al. 2019. "Title: Efficacy of a Food Parenting Intervention for Mothers with Low Income to Reduce Preschooler's Solid Fat and Added Sugar Intakes: A Randomized Controlled Trial. " *International Journal of Behavioral Nutrition and Physical Activity* 16 (1): 6.

Freedman, D. S. , Khan, Kettel L. , Serdula, M. K. , Dietz, W. H. , Srinivasan, S. R. , and Berenson, G. S. 2005. "The Relation of Childhood BMI to Adult Adiposity: The Bogalusa Heart Study. " *Pediatrics* 115 (1): 22 – 27.

Gliksman, M. D. , Kawachi, I. , Hunter, D. , et al. 1995. "Childhood Socioeconomic Status and Risk of Cardiovascular Disease in Middle Aged US Women: A Prospective Study. " *Journal of Epidemiology Community Health* 49 (1): 10 – 15.

Gough, D. and Thomas, J. 2012. *Commonality and Diversity in Reviews: An Introduction to Systematic Reviews.* London: SAGE Publications.

Green, J. L. and Dixon, C. N. 1993. "Talking Knowledge into Being: Discursive and Social Practices in Classrooms. " *Linguistics and Education* 5 (3): 231 – 239.

Hoff, E. 2003. "The Specificity of Environment Influence: Socioeconomic Status Affects Early Vocabulary Development Via Maternal Speech. " *Child Development* 74 (5): 1368 – 1378.

Jordan, N. C. and Levine, S. C. 2009. "Socioeconomic Variation, Number Competence, and Mathematics Learning Difficulties in Young Children. " *Developmental Disabilities Research Reviews* 15 (1): 60 – 68.

Kaminski, J. W. , Perou, R. , Visser, S. N. , Scott, K. G. , Beckwith, L. , Howard, J. , and Danielson, M. L. 2013. "Behavioral and Socioemotional Outcomes Through Age 5 Years of the Legacy for Children Public Health Approach to Improving Developmental Outcomes Among Children Born into Poverty. " *American Journal of Public Health* 103 (6): 1058 – 1066.

Kaplan, G. A. and Salonen, J. T. 1990. "Socioeconomic Conditions in Childhood and Ischaemic Heart Disease During Middle Age. " *The British Medical Journal* 301 (6761): 1121 – 1123.

Katz, K. S. , Jarrett, M. H. , El-Mohandes, A. A. E. , Schneider, S. , McNeely-Johnson, D. , and Kiely, M. 2011. "Effectiveness of a Combined Home Visiting and Group Intervention for Low Income African American Mothers: The Pride in Parenting Program. " *Ma-*

ternal and Child Health Journal 15 （1）：75 – 84.

Kim，Min-Jin. 2017. "Efficacy of an Academic Vocabulary Intervention for Low-Income Children. "*The Asia-Pacific Education Researcher* 26 （1 – 2）：43 – 50.

Kim，Y. S. and Phillips，B. 2014. "Cognitive Correlates of Listening Comprehension. " *Reading Research Quarterly* 49 （3）：269 – 281.

Kim，Y. S. and Phillips，B. 2016. "Five Minutes a Day to Improve Comprehension Monitoring in Oral Language Contexts. " *Topics in Language Disorders* 36 （4）：356 – 367.

Knudsen，Eric I. ，James J. Heckman，Judy L. Cameron，and Jack P. Shonkoff. 2006. "Economic，Neurobiological，and Behavioral Perspectives on Building America's Future Workforce. " *Proceedings of the National Academy of Sciences of the United States of America* 103 （27）：10155 – 10162.

Kochanska，G. ，Sanghag Kim，Lea J. Boldt，and Jamie Koenig Nordling. 2013. "Promoting Toddlers' Positive Social-Emotional Outcomes in Low-Income Families：A Play-Based Experimental Study. " *Journal of Clinical Child & Adolescent Psychology* 42 （5）：700 – 712.

Lee，G. ，Mccreary，L. ，Breitmayer，B. et al. 2013. "Promoting Mother-infant Interaction and Infant Mental Health in Low-income Korean Families：Attachment-based Cognitive Behavioral Approach. " *Journal for Specialists in Pediatric Nursing* 18 （4）：265 – 276.

Madigan，S. ，Moran，G. ，Schuengel，C. ，Pederson，D. R. ，and Otten，R. 2007. "Unresolved Maternal Attachment Representations，Disrupted Maternal Behavior and Disorganized Attachment in Infancy：Links to Toddler Behavior Problems. " *Journal of Child Psychology and Psychiatry* 48 （10）：1042 – 1050.

Martinez，Marcos J. and Elisa Kawam. 2014. "A Call to Action for Social Workers：Food Insecurity and Child Health. " *Social Work* 59 （4）：370 – 372.

Negrão，M. et al. 2014. "Enhancing Positive Parent-child Interactions and Family Functioning in a Poverty Sample：A Randomized Control Trial. " *Attachment & Human Development* 16 （4）：315 – 328.

Olshansky，S. Jay，Passaro，Douglas J. ，Hershow，Ronald C. ，Layden，Jennifer，Carnes，Bruce A. ，Brody，Jacob，Hayflick，Leonard，Butler，Robert N. ，Allison，David B. ，and Ludwig，David S. 2005. "A Potential Decline in Life Expectancy in the United States in the 21st Century. " *Obstetrical & Gynecological Survey* 60 （7）：450 – 452.

Power，C. ，Manor，O. ，and Matthews，S. 2003. "Child to Adult Socioeconomic Conditions and Obesity in a National Cohort. " *International Journal of Obesity and Related Metabolic Disorders* 27 （9）：1081 – 1086.

Ramchandani, P. G. , Domoney, J. , Sethna, V. , Psychogiou, L. , Vlachos, H. , and Murray, L. 2013. "Do Early Father-infant Interactions Predict the Onset of Externalising Behaviours in Young Children? Findings from a Longitudinal Cohort Study. " *Journal of Child Psychology and Psychiatry* 54 (1): 56 – 64.

Ramey, Craig T. and Sharon L. Ramey. 1998. "Early Intervention and Early Experience. " *American Psychologist* 53 (2): 109 – 120.

Ryan, R. M. , Fauth, R. C. , and Brooks-Gunn, J. 2006. *Childhood Poverty: Implications for School Readiness and Early Childhood Education.* Handbook of Research on the Education of Children.

Slusser, W. , Neumann, C. , Cumberland, W. et al. 2012. "Pediatric Overweight Prevention Through a Parent Training Program for 2 – 4 Year Old Latino Children. " *Childhood Obesity* 8 (1): 52 – 59.

Wilcox, S. , Sharpe, P. A. , Liese, A. D. , Dunn, C. G. , and Hutto, B. 2018. "Socioeconomic Factors Associated with Diet Quality and Meeting Dietary Guidelines in Disadvantaged Neighborhoods in the Southeast United States. " *Ethnicity and Health* 25 (8): 1115 – 1131.

行动研究模式下社会工作实习小组督导的本土实践

——以 S 大学 MSW 实习督导为例*

程　金　范明林**

摘　要　专业督导作为社会工作实习教育中的重要环节，决定着社会工作专业人才的培养质量。本文以 S 大学 MSW 实习督导为例，采用行动研究的方法，通过界定问题、制定方案、行动实践、评估回馈，反思循环过程，不断提升社会工作实习督导水平。研究发现，针对社工学生面临的社会工作行政化与专业化的关系处理、专业关系建立、服务技巧的实际运用、实习倦怠情绪应对等问题，小组督导实践行动积极构建同辈支持系统，推动学生在行动中提升专业能力并加强理论的学习与反思。通过行动研究评估，实习生通过小组督导实践，不断在学习反思中形成了研究旨趣，促进了学生的专业成长和个人成长。

关键词　行动研究　社会工作实习　小组督导

---

*　本文系 2021 年上海大学一流研究生教育项目"儿童青少年社会工作人才培养实践基地建设"（N. 13 – G314 – 21 – 918）阶段性成果。

**　程金，上海大学社会学院社会工作系博士研究生，主要研究方向为社会组织、社会工作实习督导；范明林，上海大学社会学院社会工作系教授、博士生导师，主要研究方向为社会工作理论与实务、社会政策评估、非政府组织研究、城市贫困问题等。

一　引言

社会工作作为应用性学科，运用专业理论、知识和服务技巧提供服务，增进社会福祉。社会工作实习督导是一个教育学习和训练的过程，在专业人才培养体系中具有重要意义，对实习学生的专业能力水平提高有重要作用（樊富珉，2003）。然而，"在社会工作专业化与职业化快速发展时期，社会工作督导研究与实践衔接的滞后性开始显现"（童敏、史天琪，2019）。

基于此，如何为实习学生提供有效的督导成为备受关注的焦点。本文以 S 大学社会工作专业硕士实习小组督导为例，通过行动研究，探索社会工作实习教育中存在的主要问题和解决方案，总结小组督导经验，提升督导水平，促进学生成长。

二　文献讨论与研究方法

（一）文献讨论

社会工作教育同人运用行动研究、后现代范式、扎根理论、批判教育学、理论与实践目标整合模式等在社会工作实习督导模式本土构建、提升督导品质、借鉴港台和欧美先进经验等方面进行了积极有益的探索（侯欣，2004；张洪英，2004；矫杨，2010；姚进忠，2010；安芹，2010）。也有学者密切关注实习督导中的问题，认为行政化对专业性的侵蚀不可避免地会在社会工作教育中有所显现，实习督导这一环节，可能引发社会工作的"教育降维"（郑广怀，2020）。

此外，有些研究探索了实习督导过程策略与方法等微观层面。有学者通过对督导过程录音资料的整理与分析总结出优势视角下的督导策略与方法（余瑞萍，2009）。还有学者以医务社会工作为例探析了过程论视角下实习督导过程、任务和督导角色实践（许丽英，2010）。孙振军等（2018）在质性访谈与文本分析的基础上，发现社会工作专业学生在医院实习过程中面临的困境并结合督导经验，提出应对方法。韩央迪、李相蒲和冯皓（2022）基于行动研究探索了专业实习中同辈督导反思小组的实践，形成了同辈督导反思小组模型。

现有研究一方面结合后现代范式、扎根理论、批判教育学等多元理论，探索了督导模式的本土实践；另一方面结合实习督导实践关注到督导过程与策略、督导角色、督导困境和督导反思等问题的讨论。上述研究在一定程度上总结了社会工作实习督导实践经验，并形成了相应的督导模式，然而，在实习督导过程反思和评估等方面仍有待深入研究。

（二）研究方法

行动研究，简而言之，就是通过"研究"和"行动"，研究者与参与者一起将研究发现应用于社会实践，进而提高改变社会现实的行动能力（陈向明，1999）。

具体而言，行动研究是"一种由下而上的研究方法，它强调从实务工作者的立场和需要出发，对实务工作者本身所处的工作情境与内涵进行反省，并结合研究的过程与步骤，找出解决或改变实务工作的困境，以及问题的解决方案和行动策略"（范明林，2015）。

一方面，社会工作行动的系列研究（古学斌，2013；张和清，2015；范明林，2015；童敏、林丽芬，2015；高万红，2015）表明，社会工作的本质属性是实践性，行动研究的本体论和认识论的基本主张、研究方法和研究目标都贴近社会工作的本质属性，行动研究循环往复的过程是知行合一的历程；另一方面，行动研究是关乎专业社会实践并改进实务工作的研究，重视赋能增权，探究介入和改变方法，注重反思能力的培养，主要生产批判性知识。

本研究采用行动研究，在 S 大学社会工作专业硕士实习小组督导中，参与者和研究者共同观察、考察疏解实习困惑、推动行动反思、促进实习生的专业成长。实践结束后，研究者与小组成员就研究问题达成共识，共同讨论并反思，完成对小组督导流程的修改与完善，形成下一次小组督导实践的行动计划。

三　行动研究基本过程

（一）行动研究小组形成

本研究是在 2020 年 11 月至 2021 年 5 月，针对 S 大学 2020 级社会工作专业硕士实习教育开展小组督导的行动研究。这一阶段实习的主要任务是提供微观专业服务，观察和探索社会工作行业发展状况。本研究中实习场域主要为S市各级医院、精神卫生中心和社会组织三种类型。实践周期中每周1次小组督导，每次督导时间为2~3个小时。行动研究的小组成员共14人，主要是学校督导、实习生和实习单位带教老师。行动研究小组成员基本信息见表1。

表1 行动研究小组成员基本信息

编号	性别	专业背景	实习单位
A1	女	社会工作	精神卫生中心
A2	女	社会工作	精神卫生中心
A3	女	社会工作	医院
A4	女	社会工作	医院
A5	女	公共事业管理	医院
A6	女	社会工作	枢纽型社会组织
A7	女	社会工作	社会组织
A8	女	社会工作	社会组织
A9	女	社会学	社会组织
B1	女	护理	医院
B2	男	社会工作	医院
B3	女	社会工作	精神卫生中心
B4	女	社会工作	社会组织
C	女	社会工作	S大学

注：A类成员为实习生，B类成员为实习单位带教老师，C类成员为S大学社会工作实习督导。

（二）问题界定

成立了小组以后，行动研究的重点是推动成员的学习讨论、探索自我反思。在本项目中，每位组员通过文献查阅、案例学习、实习日志的相互反馈、现场联合督导交流、焦点小组督导讨论等学习方式，全面了解研究小组中其他组员的实习情况。在此基础上，研究者整合小组成员的共性问题，确定了行动研究小组的焦点议题。这些问题主要是：第一，在实习适应初期，如何理解社会工作行政化色彩强烈以至于削弱了专业服务水平？第二，个案服务中专业关系建立的突破点在哪里？第三，小组工作和社区服务中如何运用服务技巧并对之反思？第四，如何应对实习倦怠情绪，实习最终的结果是促进专业认同还是导致专业逃离？

（三）行动方案制定

在实习督导小组和自我反思的推动下，小组成员聚焦实习中的问题，根据实习场域、服务对象的需求和特点、自身的专业化水平以及资源可供利用程度等情况，开始制定行动方案，以达到专业成长和自我成长的目标。具体而言，行动方案的设计主要集中在两个方面：第一，构建同辈支持体系，督导小组亦是实习生成长小组，在小组交流中推动自我学习，了解相关行业政策法规，训练专业服务方法与技术，讨论社会工作相关价值伦理，缓解实习中的负面情绪；第二，专业服务实践与理论整合，结合各自的实习场域和服务对象特征，加强医学、社会组织管理等专业领域的理论学习，积极主动开展专业服务，在实践行动中提升专业服务能力并对理论进行反思，形成研究旨趣，促进个人的专业成长。

（四）行动服务实施

1. 同辈支持

按照实习进程，实习适应一般为 1～2 周，实习生顺利进入和认识实习环境，主要包括明确实习规范、了解组织架构、建立工作团队和熟悉工作流程等。更进一步的适应是行业政策学习、工作文档和相关专业领域文献查阅。在项目中发现，学生能够较快适应实习工作环境，但是在查阅工作文档台账之后，普遍产生的困惑是：社会工作行政化色彩强烈以至于削弱了专业发展，如何将课堂上学习到的专业理论知识应用到行政化的实践服务中？这一困惑尤其体现在非专业社会工作背景的学生方面。

面对实习适应问题，行动小组形成了社会组织类和医务社会工作类两个次级同辈小组，成员充分讨论反思，查阅文献，达成了共识：正确看待行政化的工作，尽力从行政工作中建立系统观念，从而更好地认识服务对象的系统，在行政系统中寻找今后可能的合作伙伴。此外，社会工作行政也是专业服务的一种方式。

在小组督导的行动研究中，我们发现社会组织类实习单位对于社会工作研究生的期待较高，认为其能力和水平足以胜任工作，所以实习适应周期较短，有些实习单位会直接让学生进入服务阶段，这在某种程度上更加剧了学生的困惑。学生在医院和精神卫生中心实习需要更多的时间去适应复杂的医院组织体系、工作流程、医学知识普及和做好面对病患的心理建设。因此，医院和精神卫生中心的实习督导会从更多方面的工作中给予回应，如开展实习介绍会、明确实习规范、志愿服务体验、查房、文献查阅、确定实习任务等。

为了回应这一阶段的实习困惑，一项有效的行动是实习单位"资深"实习生向"新进"实习生介绍实习经验，形成实习生内部支持系统，有利于学生从同辈群体中获得支持，缓解焦虑并答疑解惑。一名实习生分享的她的经历充分说明了同辈群体的支持。

> 我最初在病房中犯了一个错误，感觉这些病人身体状况不太好，躺在床上很可怜。这个时候带队的实习生告诉我，不要在病房中说这样的话，首先病人会因此更加觉得他们身体情况不好，这样不利于形成积极的康复心态；其次医护人员也不会开心，这样说会让他们觉得自己的工作没有意义，打击医护人员的信心。如果你有什么主观上的感受，只能在离开病房后讨论。这是我在以后的工作中要特别注意的地方。（资料来源于 A3）

综上，实习初期小组督导充分反思实习适应期的境遇和困惑，发挥行政功能，联系实习单位，建立内部同辈支持体系，助力学生平稳顺利度过实习适应期。

2. 专业服务实践与理论的整合

（1）个案观察与探索

在熟悉实习环境，与工作团队建立了初步关系之后，实习生进入实习场域，开展专业服务。在个案观察与探索方面具体表现为：与服务对象建立专业关系，评估服务对象的需求，提供直接服务。经过行动小组讨论与反思，达成的共识是：社会工作专业服务中，个案服务主要行动是通过需求评估，与案主建立关系。在个案介入服务过程中，主要内容是资源链接、教育预防性知识普及以及相关转介服务。事实上，个案服务以服务对象观察、辅助性服务为主。关于个案服务的小组讨论，组员集中的困惑是：接触个案，无从下手，并且容易受到较大的精神冲击；在建立专业关系的过程中，面对服务对象，如何做自我介绍？

　　大部分实习生，尤其是在医疗体系实习的学生在接触个案对象时，都受到了精神冲击。一名实习生在接触安宁疗护个案时，内心受到较大的冲击。

　　　　早上刚查完房的患者，中午就已经去世了，还是觉得挺突然的。而且这一批患者的情况也是比较典型的，很多是濒死的状态。下午的时候，情绪就有点低落了，加上刚来就开始接触个案（虽然我挺愿意的），还是比较慌的，会有点无从下手。（资料来源于 A4）

　　在这种情况下，小组督导讨论中，一致建议寻求实习单位带教老师的帮助，正如她后来分享的那样：

　　　　幸好后来有老师的安慰和帮助，提供了一个大致的方向，也不算太难。（资料来源于 A4）

　　小组督导中，个案服务在医疗体系尤为重要，有些实习单位建立了相关的社工转介服务机制。小组内的同辈群体对个案服务给予了很多反思和行动建议，例如，运用需求评估量表能够指引实习生聚焦服务，化解沟通访谈中无话可说的尴尬，充分了解需求后建立的专业关系更加稳定。

　　谈及面对服务对象做自我介绍这一问题，小组成员普遍回忆了自我介绍时的感受，分享了因失败的自我介绍而产生的无奈、失望、着急、自责等负面情绪。一名同学的分享如下：

　　　　当我没有介绍好自己，或者服务对象还不清楚我的身份时，我是会自责的，怪自己做得不够多，没有体现自己的专业性，让他们看不见我们是干吗的。（资料来源于 A3）

对此，小组成员的反思是积极正向的：只要做了自我介绍，就是欣慰的，因为服务对象已经开始注意到我们的角色，是不错的开始；有时候，社工要习惯于模糊的界定，在服务中慢慢澄清自己的身份和角色。

经过小组行动反思，组内进行角色演练，并将小组内经验迁移到实践行动中不断训练，形成了自我介绍的经验范式，一名曾经失落的组员最终高兴地分享：

> 要根据不同的对象去介绍，比如，对于患者，介绍社工是科室医疗团队的一分子，将为您提供人文关怀，有什么需求可以找我们；对于医护人员，介绍我们的任务是配合医护团队为患者提供更好的住院体验，促进患者更好地康复，搭建患者和医护人员之间的桥梁；对于家属，介绍社工在患者住院期间为患者及其家庭提供支持，包括情感、资源方面。（资料来源于 A3）

自我介绍是进入实习场域，接触服务对象的第一步，对于建立专业关系至关重要，某种意义上也是行业倡导的微观实践。自我介绍的小组督导训练除了角色扮演之外，还包括制作社工名片、制作小视频等方式，直观明了起到介绍和宣传的作用。通过自我介绍、查房、观察走访等建立初步关系之后，可以进一步以需求评估为本，了解案主需求的同时推进专业关系的稳固。在建立关系时，需求评估量表的选择需要充分考量服务对象实际情况，在量表的数量、形式和内容上做一些本土化的改善，力求科学性、实用性和本土化相结合。

在个案介入服务过程中，主要是资源链接、教育预防性知识普及以及相关转介服务。在小组督导中发现，个案服务在医院和精神卫生中心聚焦于患者陪伴、需求评估、医学知识普及和转介服务；在社会组织聚焦于个案家庭走访、政策宣讲和需求评估。在很大程度上，社会工作者充当着个案管理的角色。

在个案服务小组行动中，面对服务技巧和方法、组员的情绪和情感需求，实习督导发挥教育和支持功能，及时带领组员反思，通过小组演练，引导同辈组员之间相互疏导情绪，组员意识到个案服务的界限、方法和伦理等问题，管理好自身压力，并在行动中不断完善服务。

（2）小组与社区服务

当遇到组员准备进行小组与社区服务时，通过往届小组与社区服务案例资源库分享，同辈讨论交流，对服务策划进行专题督导。实施小组服务和社区服务时，组员进行现场观摩，交流学习并提出建议。

在服务中，社会组织领域的实习小组督导围绕着教育性小组议题展开。在充分观察社区需求之后，有些同学自主设计并开展小组服务。一名同学分享如下：

> 我们发现社区阿姨在控制血糖方面虽然比较了解和关注，却存在一定的误解。现在网上信息繁杂，老人识别信息能力较弱，如何教他们辨明正确的信息，该采取什么样的活动形式将正确且权威的健康知识传递给他们，帮助他们管理好自己的生理和心理状态是我们需要做的。（资料来源于A7）

同学们慢慢提升了对于专业性的理解。专业性并不是社区居民无法理解的专业词汇，也不意味着几次活动就能完全解决问题，重要的是在此过程中居民能否获得改变的动力。这种动力可能是新知识和新经验的获得，也可能是专业服务提供的交流平台促进其个人的改变。

在医院和精神卫生中心实习的同学需要充分了解相关医学知识和行业政策，才会有足够的专业信心去开展服务。比如，在精神卫生中心的睡眠小组联合督导中，两位组员分享了以下收获：

> 小组回顾应该让组员分享，激起组员经验的记忆，而非社工回顾；活动应选择一个所有组员都能看到社工的位置进行，避免盲区；我们应该关注组员成功的经验，而非做错的地方；在面对专业医学知识时，我们建议组员谨遵医嘱。（资料来源于A1、A2）

小组现场联合督导之后，围绕着小组环境、专业伦理、小组带领、提问和回应技巧等方面进行了讨论与反思。

一般而言，在小组和社区服务中，实习生需要整合医疗、社会福利以及法律体系的相关制度和资源，共同提供相关专业服务。在联合督导中，小组成员能够认识和体会跨专业团队不同专业之间在专业价值、认知上的异同，进而加深自身对社会工作专业服务的认识。正如带教老师在小组督导中所言：

> 我们的实习生通过和医疗团队建立关系，参与到查房工作中，能够快速了解相关科室的专业医学知识，了解医生、护士的具体工作，患者的需求，同时，患者以及家属会逐步认同社会工作也是医疗团队的一部分，反过来促进我们学生的专业认同，并且意识到跨专业团队合作的重要性，医学和社工共同促进患者康复和身心健康。（资料来源于 B1）

不难看出，由于医学知识体系与社会工作知识体系之间存在一定的差异，医院督导或学校督导都难以单方面帮助实习生深入地理解医院环境中医务社工服务的方法与路径。学校督导与医院督导发挥了各自专业优势，各有侧重，实现督导功能。小组督导进入现场进行实习指导，组员获得了专业知识和专业技术的帮助，更重要的是组员与督导的关系进一步得到发展。一个明显的事实是，组员不论在情绪方面还是在自我成长方面，都愿意自我披露，和组员进行深入的沟通。

（3）积极应对实习倦怠

随着实习的深入，组员们遇到了不同程度的实习倦怠和困惑，具体表现为：寻找服务对象艰难；自我角色定位模糊；服务中感受到无法实现社工价值；社工伦理价值和自我价值冲突；等等。此时组员相互鼓励，共同关心或协助个别组员来减轻其压力，提升工作士气和工作效率。一位带教老师给予了积极回应：

> 当实习生遇到实习倦怠的情况时，我们会及时澄清实习目标和计划，帮助实习生发现服务带来的成效；此外，根据实习内容与状态，关注实习生的能力和情绪，灵活调整实习方式。（资料来源于 B3）

此外，小组督导关注组员的情绪，联合实习单位带教老师，定期形成实习生同辈群体成长小组，开展减压支持小组，督导适当进行自我披露，组员分享经验，舒缓情绪，这些都有助于组员度过实习倦怠时期。在同辈群体成长小组中，带教老师做了如下分享：

> 我们每个学期都会组织实习生成长小组，由实习生自己设计和实施，这是属于他们自己的小组，大家在这个平台分享学习经验，舒缓情绪，我们也可以了解实习生的需求和困惑。（资料来源于 B4）

如果组员顺利度过实习倦怠时期，对困惑有深度反思，那么，组员会获得自我认知和专业成长。学生意识到实习过程也是自我认知的过程。每次的小组督导观察、交流、反思和学习，对自我认知都会有深入的思考。

（五）行动研究评估

经过学习、反思、改善和行动，S 大学 MSW 的实习生在行动研究小组中得到了较多的收获，主要表现为：研究旨趣的形成和自我成长。

1. 研究旨趣

实习教育是从理论到实践，再回到理论的循环过程，因此，小组督导也在引导组员不断反思、行动、再反思，最终形成了系列研究旨趣。在研究项目中，在医院实习的组员分享了安宁疗护中的尊严疗法、医院志愿者的行为动机以及激励；在精神卫生中心实习的组员分享了精神疾病患者污名与自我污名化、多元化需求下社会工作涉及的专业伦理问题。在督导反思与行动中发现，学生意识到自身专业知识的不足，课堂理论学习需要结合实践，发挥自我能动性，自主学习，经过深入的相关理论学习形成研究旨趣。

相比较在医院和精神卫生中心的实习，在社会组织实习的组员分享了社区工作非专业化发展、社会组织创新服务机制、破解基层社会治理困境等主题。在督导反思与行动中发现，学生认为实践中的社会工作专业性不足，行政化色彩浓厚，经过实践实习，对于社会组织发展、社会工作行业发展以及相关宏观政策方面有所了解并形成研究旨趣，这些知识对于课堂理论学习是有效的补充。两名在社会组织实习的组员共同表达了自己的感悟：

在学校学习的专业理论实际上在基层社会组织的服务当中，有很多需要考虑的地方，当专业遇到行政的时候，专业可能是要有所变通的，以前不能理解为何专业化之路如此艰难，现在我们理解了。（资料来源于 A6 和 A8）

事实上，通过实习收集资料，完成毕业论文设计与写作也是学生的重要实习目标之一。实习伊始，大部分组员是找不到研究方向的。督导要求组员带着问题意识进入实习场域，在实习过程中发现问题，进行相关文献查阅，逐步形成研究议题。实习单位的带教老师也非常期待实习生能够带着问题意识进入实习，这有利于实习任务的明确和实习目标的达成。正如一位带教老师所言：

我们欢迎有想法、带着研究议题的实习生的到来，他们给我们注入新鲜血液，不仅可以帮助支持我们的工作，带来时下青年有创意的点子、创新思维、新的技术运用，而且带来高等教育中社会工作专业的前沿理论研究。（资料来源于 B2）

这个阶段的小组督导分享以组员为主，每次督导会议都以研究课堂的形式开展，由一名组员主讲，其他组员参与讨论，提出疑问，主讲人给予回应。研究课堂的形式可以提高学生的学习能力，培养思考和思辨精神，将理论和实务紧密结合起来，真正实现从理论到实务，再从实务到理论的循环行动和反思。在研究旨趣分享结束后，90% 的组员沿用了小组讨论的课题，继续进行相关研究。

2. 自我成长

对于一名职业助人者来说，最大的挑战是工作过程中的自我认识和自我成长。助人者的自助能力直接决定着其工作效果和身心健康状态（张威，2016）。

在研究小组督导中发现，学生在性格方面会有所变化，一名组员这样分享：

就我本身而言，因为我性格偏内向和安静，刚开始很难主动且热情地与社区居民找到话题交流并建立关系。通过实习的训练，开展了

多次小组和社区服务，我的性格变得外向了一些，和社区老年人沟通比较顺畅了。（资料来源于 A7）

在小组督导中还发现，大部分学生在沟通能力方面获得显著进步。有小组成员在病房探访时，面对临终患者和家属：

逐渐放下了心中的恐惧，从需要带教老师带领进入病房与患者沟通，到自己单独进入病房去接触患者，和他们沟通交流，对我来说，这是比较大的进步了。（资料来源于 A4）

也有学生从事社区工作实习，在投入社区服务中深有感触并进行分享：

因为参加了很多活动，所以有很多机会和陌生的人沟通，锻炼了人际交往的能力。（资料来源于 A9）

小组成员一致意识到社会工作的专业价值和重要性，并且逐步建立了专业认同。即便是非社会工作专业的组员也在小组督导中阐明了自己的观点：

本科学的是社会学专业，但我还是比较认同社会工作专业价值观的。通过实习，我对社会工作的作用有了新的认识，我们的社区服务活动，不仅仅限于日常丰富老年生活的娱乐活动，也能够发挥社区治理的作用。得到社区以及老人的认同，也增强了我对社会工作专业的信心和认同。（资料来源于 A7）

研究发现，社会工作专业实习的顺利完成不仅受到实习生的知识、技巧与能力的影响，也受到实习生的情绪状态、自我认知水平的影响。小组督导需要评估实习生能力水平，体察组员在实习过程中的情绪与行为变化，通过有效方法缓解组员的情绪。学校督导联合实习单位带教老师通过小组督导、个别督导等方式引导实习生表达、讨论和反思，实现支持性督导功能，学生实现自我意识觉醒，不断对自我进行重塑。

四 结语：行动研究反思

社会工作实习小组督导的行动研究经历了一个过程，面对新问题、完善新服务的下一个循环还在持续进行。反观本阶段行动研究的过程，大致有如下几个方面的总结与反思。

第一，小组督导行动中的优势。小组较轻松的学习环境，有利于培养凝聚力，为组员和督导提供多视角的观察机会；小组督导中结构性议题可以节省行政时间和精力，高效建立相关联结完成任务；小组提供同辈支持，组员可以分享相似经历提供帮助；通过比较，组员能做出自我工作的有效判断，形成自我认知（卡杜山、哈克尼斯，2008）。

第二，小组督导行动中的挑战。小组督导在因材施教方面需要个案督导的有力补充。小组虽然可以提供同辈支持，但是也容易形成隐性同辈竞争，造成一定程度上的小组压力，这需要督导具有相当丰富的小组工作技能来应对挑战（卡杜山、哈克尼斯，2008）。

第三，行动研究与社会工作的本质契合。社会工作发展时刻面对着复杂的社会情境和多元生活处境中的各类问题。西方社会工作督导围绕"是什么"的理性分析路径，中国本土社会工作督导遵循"怎么做"的行动逻辑（童敏、周燚，2020）。在社会工作督导研究领域中，行动研究能够助力社会工作督导，在实践行动中寻找研究问题，制定督导实践行动方案。行动方案强调地方性知识的重要性，基于院校、师生、实习单位的实际情况会发生相应的变化。在社会工作实习小组督导行动中，研究者要不断反思组员之间的互动关系，聚焦行动议题，赋能组员积极参与，在资料分析过程中持续地反思，与现有理论对话，从而在本土小组督导实践中不断进行探索。

参考文献

阿尔弗雷多·卡杜山、丹尼尔·哈克尼斯，2008，《社会工作督导》，郭名倞等译，中国人民大学出版社。

安芹，2010，《以理论与实践整合为目标的社会工作实习督导模式探索》，《社会工作》（下半月）第 7 期。

陈向明，1999，《什么是"行动研究"》，《教育研究与实验》第 2 期。

樊富珉，2003，《我国内地社会工作教育：实习与督导的现状与发展》，载王思斌主编《转型期的中国社会工作——中国社会工作教育协会 2001 年会论文集》，上海：华东理工大学出版社。

范明林，2015，《行动研究：社区青少年社会工作的服务改善》，《浙江工商大学学报》第 4 期。

高万红，2015，《预防流动青少年犯罪的社会工作行动研究——以昆明 F 社区为例》，《浙江工商大学学报》第 4 期。

古学斌，2013，《行动研究与社会工作的介入》，载王思斌主编《中国社会工作研究》第十辑，北京：社会科学文献出版社。

韩央迪、李相蒲、冯皓，2022，《专业实习中同辈督导反思小组的设计与实践——一项基于 F 大学 MSW 项目的行动研究》，《社会工作》第 1 期。

侯欣，2004，《论行动研究在社会工作实习教学中的运用》，载《中国社会工作教育协会成立十周年庆典暨社会工作发展策略高级研讨班论文摘要》。

矫杨，2010，《社会工作专业实习模式探索与实践》，《实验技术与管理》第 3 期。

孙振军、杜勤、薛莲、梁爽、安秋玲，2018，《医院社会工作实习督导的实践与思考》，《中国医学伦理学》第 3 期。

童敏、林丽芬，2015，《参与式实务研究的经验与反思：一项城市社区社会工作的研究》，《浙江工商大学学报》第 4 期。

童敏、史天琪，2019，《中国本土语境下社会工作督导的内涵：项目实践中的自觉与自决》，《社会工作与管理》第 6 期。

童敏、周燚，2020，《"半专业"的专业性：本土社会工作督导清单及知识观考察》，《社会工作》第 3 期。

许丽英，2010，《过程论视角下实习督导实践的探析——以医务社会工作为例》，《社会工作》（上半月）第 12 期。

姚进忠，2010，《社会工作实习督导模式的本土建构——批判教育学理念的引入》，《华东理工大学学报》（社会科学版）第 3 期。

余瑞萍，2009，《优势视角下的社会工作实习督导方法探索》，《长江大学学报》（社会科学版）第 2 期。

张和清，2015，《知行合一：社会工作行动研究的历程》，《浙江工商大学学报》第 4 期。

张洪英，2004，《后现代范式下本土处境社会工作实习督导模式建构的行动研究》，载

《中国社会工作教育协会成立十周年庆典暨社会工作发展策略高级研讨班论文摘要》。

张威，2016，《专业性社会工作督导对助人者自我成长的推动作用——以华仁社会工作发展中心的小组督导为例》，《社会工作》第 5 期。

郑广杯，2020，《教育引领还是教育降维：社会工作教育先行的反思》，《学海》第 1 期。

社会工作督导效果影响因素研究

张芯桐*

摘　要　社会工作督导是社会工作专业化发展过程中的重要组成部分，学界普遍认为在影响社会工作者的工作满意度以及对案主的服务品质方面，社会工作督导已经被视为最重要的决定因素之一。本研究以社会工作整全性督导模式为理论框架，通过访谈法、参与观察法对四个案例的督导经验脉络进行梳理，从中提取影响督导过程及督导效果的因素，并对各因素及其影响进行比较分析。研究发现：①社会工作督导效果的影响因素分为三种类型；②督导双方对各因素的因应方式最终影响督导效果；③影响督导效果的关键在于督导双方的能力与态度；④社会工作督导需要予以整全性的理解与讨论。鉴于此，笔者进而从学校社会工作专业教育、社工行业协会、督导者与被督导者四个角度，在社会工作督导理论与实务层面提出适配性建议。

关键词　社会工作督导　督导过程　督导效果

随着国内社会工作教育发展和服务领域的不断扩大，专业督导的重要性日益成为影响服务对象对社会工作者服务的满意度与服务质量的重要因素（梁汕祯，2015）。目前国内在此方面的研究更多聚焦于模式建构、制度

---

*　张芯桐，上海大学社会学院博士研究生，主要研究方向为社会工作督导等。

设计等，而关于督导者与被督导者在督导过程中的个人经历与经验等的相关研究文献相对匮乏，为此，本文聚焦于对督导者与被督导者的关系及督导效果的影响因素等主题的探讨，以期对现有关于督导的研究有所补充。

一 理论基础与研究方法

整全性督导模式因其考虑因素的完整性和多样性而越来越被海内外社会工作领域，甚至其他助人领域的督导服务予以高度关注。

（一）社会工作整全性督导模式

Tusi 运用督导者、被督导者、服务对象、服务机构四者之间的多面向关系和文化脉络来对督导关系进行再概念化（张洪英，2012）。他提出社会工作督导整全性（holistic）见解，将社会工作督导概念化为：在一文化脉络中所建立起来的多面向关系，其中涉及机构、督导者、被督导者和案主四方主要关系者，从而提出研究的主体应为"多主体"（Tusi，2008）（见图 1）。

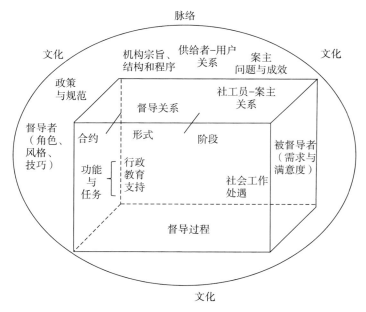

图 1 Tusi 社会工作督导的整全性模式

资料来源：Tsui，2008：40。

　　同时，Tusi 将社会工作督导的脉络划分为物理脉络、人际脉络、文化脉络以及心理脉络。物理脉络涉及督导发生的处所及氛围、座位的安排等；人际脉络与督导者和被督导者之间的动力有关；文化脉络指的是督导者与被督导者在其中生活与工作的社会价值与规范；心理脉络与督导者和被督导者在督导过程中所表现出来的态度、情绪和心理状态有关，这些表现是由其出身背景、过去经验和人格交织形成的结果。社会的"文化与脉络"概念影响着整个督导过程，像图 1 中的圆圈把督导过程的各个维度整个包裹起来一样。文化是某特定社会群体的生活方式和观看世界的方式。在督导的脉络里，督导的四方关系无不受文化影响，但是文化作为督导的主要脉络始终未能受到应有的重视甚至被严重忽略，以至于相关的实证研究少之又少。然而社会工作督导是社会工作专业错综复杂的理论、专业价值和服务网络交织而成系统中的一部分，此系统位于某特殊的文化内部，因此督导是督导关系中相关人的文化的一部分，只有在这样的脉络中才能探明社会工作督导的意涵（Tusi，2008）。

　　督导过程是督导研究的一个重点，它基于督导者与被督导者之间的关系，而督导者与被督导者的关系也可以被视为由行政、专业与心理因素交织构成的关系，它代表了督导的三个不同又有所重叠的功能，即行政、教育和支持。此外，Tusi 还对督导者与被督导者、被督导者与服务对象、服务对象与服务机构、服务机构与督导者这四重互动关系进行着重分析。在这四重关系中，重心仍然是督导者与被督导者互动关系，并且督导关系的建立与发展有很多要素，包括体现督导权威、功能与任务的督导契约的制定及督导形式选择的阶段；督导关系及督导过程的发展阶段；督导双方之间的权力议题；督导者的角色、风格、方法、策略与技巧；被督导者的需求与经验经历；对督导关系以及被督导者专业能力变化的评估指标；等等。此外，对于整全性的理解还包括机构的宗旨、结构与程序；服务对象的问题、需求、与社工的关系以及介入成效；等等。

　　基于上述视角，本文建立了如图 2 所示的研究分析框架。

　　图 2 表明，在督导过程中：①机构作为社会工作助人服务的总提供者，需要对服务用户负责，而在整个服务过程中，案主如遇到问题也可向机构提出意见、申诉并寻求解决方式；②被督导者对案主进行专业评估与介入，开展助人服务，在这个过程中专业助人关系得到建立与发展，案主向被督

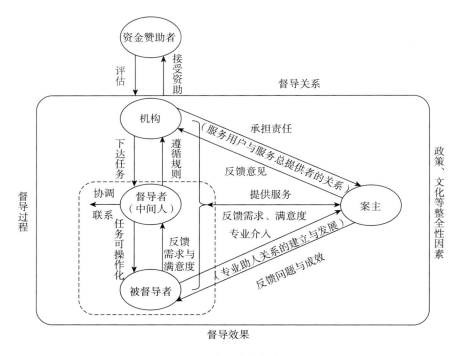

图 2　本文分析框架

导者也即初级或实习社工反馈问题与成效；③督导者在整个过程中不仅扮演行政者、支持者、教育者的角色，还扮演中间人的角色，负责在机构与被督导者之间协调与联系；④机构把任务下达给督导者，后者需要让任务可操作化，变得更明确、具体、可行，督导者在相应的规则和框架下督导被督导者并传递后者的各种反馈，在这个互动过程中双方建立并发展专业督导关系和共同成长；⑤机构、督导者、被督导者形成一个为案主提供服务的整体，目的主要在于为案主提供更优质、更完善的服务。

　　在本文中笔者依循社会工作整全性模式，将研究焦点放在社会工作督导过程的两个主体即督导者与被督导者上，探索督导关系及互动过程，研究影响督导效果的因素及其如何作用、督导双方如何因应等问题。

（二）研究方法

　　本文主要采用半结构式深度访谈法与参与观察法，并以立意抽样的方式来选择研究对象。研究对象要求在上海具有两年及以上社会工作督导经验的督导者以及正处于督导过程中的被督导者，同时强调被访者对督导角色认同度较高、能清楚意识并叙述自身和被督导者之间发生的事情等，以便提供相对丰富的资料。此外，笔者选取正处于督导过程中的督导现场与督导双方建立并维持关系进行持续的观察，以避免研究内容与结论存在过于主观性的可能。

本文在具体设计的时候采用配对的形式，即一位社会工作督导者与一位社会工作被督导者配对研究，共计 4 对即 8 位研究对象，其中督导者的编号为"数字 + R"的形式，被督导者的编号为"数字 + E"的形式，数字 1 ~ 4 代表配对的号码。

二 研究对象背景介绍

案例一中的督导者是上海某高校一位专职督导老师，女性，49 岁，博士学历，5 年督导经验。被督导者是该校社会工作硕士，男性，23 岁。在下文用 1R 表示案例一督导者，用 1E 表示案例一被督导者。1E 共计实习 800 小时，其中前 400 小时服务于上海市某精神卫生中心，后 400 小时服务于上海市某精神健康园内康复机构，整个实习过程均由 1R 进行督导，专业督导时长共计约 25 小时。

案例二中的督导者是上海某二甲医院的一位一线医务社工，女性，28 岁，社会工作硕士，4 年工作经验，3 年督导经验。被督导者是福建省某高校社会工作专业本科大四学生，女性，21 岁。下文中将用 2R 表示案例二督导者，用 2E 表示案例二被督导者。2E 在该医院共计实习 600 小时，整个实习过程均由 2R 进行督导，专业督导时长共计约 35 小时。

案例三中的督导者是上海某社区养老机构一位从事老年服务工作的社工兼管理者，女性，30 岁，社会工作硕士，6 年工作经验，3 年督导经验。被督导者是在该机构工作的从事临终关怀的社工，女性，22 岁，社会工作学士。在下文将用 3R 表示案例三督导者，用 3E 表示案例三被督导者。3E 在该医院工作刚满 1 年，入职至今均由 3R 进行督导，专业督导时长共计约 240 小时。

案例四中的督导者是上海某三甲医院社工部负责人，男性，38 岁，社会工作硕士，14 年工作经验，5 年督导经验。被督导者是在该医院工作的医务社工，男性，25 岁，社会工作硕士。在下文将用 4R 表示案例四督导者，用 4E 表示案例四被督导者。4E 毕业后在该医院工作 1.5 年，决定于年后辞职，入职至今均由 4R 进行督导，专业督导时长共计约 30 小时。

三　案例综合分析与讨论

（一）影响督导过程及效果的因素

基于社会工作整全性督导模式的视角，结合收集的一手资料，本文从四个案例的督导经验中提炼出影响督导过程及督导效果的基本因素，具体可以划分为督导者因素、被督导者因素及其他整全性因素三大部分（见表 1）。

表 1　影响督导过程及效果的因素分类

督导者因素	
1. 专业水平与能力	指督导者对社会工作专业理论知识、实践技能的掌握以及督导经验、督导能力和相关能力的水平
2. 督导态度与风格	指督导者在督导过程中作为督导的工作态度、投入度、督导风格（Friedlander and Ward, 1984）、专业与职业认同度以及自我提升的意愿
3. 角色功能与定位	指督导者在督导过程中扮演的角色定位、发挥的督导功能以及相关行为
4. 理论、实务与价值取向	指督导者在督导过程中运用的督导模式与督导形式以及督导自身的理论实务方面的价值取向
被督导者因素	
1. 专业水平与能力	指被督导者对社会工作专业理论知识、专业介入实践技能的掌握以及相关能力的水平
2. 个人心理特质与状态	指被督导者自身的心理特征、性格、督导过程中的心理/精神状态和其他个人经历、议题以及看待问题的角度
3. 个人态度与投入度	指被督导者在督导过程中实习或工作的态度、投入度、专业认同度以及自我提升及未来继续从事社会工作行业的意愿
4. 对督导的认知、期待及相关经验	指被督导者对督导相关概念的认识、对督导自身及督导工作开展的期待以及其他督导的相关经验

续表

其他整全性因素	
1. 案主方面	案例工作案主或小组工作服务对象的需求、态度、专业关系建立、个人背景、社会网络、正负向反馈等
2. 同辈方面	一同实习的同学、共同工作的同事、其他朋友的支持理解与否
3. 机构方面	机构的架构、宗旨、环境、程序、重视程度与对社工的工作安排以及机构其他部门对社工的态度等
4. 学校方面	学校的实习要求、规定、课程设置、资源投入、重视程度等
5. 政策方面	与社工相关的政策、规定，政府的投入、主导项目、支持等
6. 文化方面	中国传统文化因素、法律与道德规范、宗教信仰等
7. 社会方面	社会倡导与呼吁，资金支持，社会对社会工作专业、职业、行业的认可程度等
8. 行业协会方面	督导进修培训的设置、督导同盟的需求、督导议题的指导等

表 1 所呈现的资料是在对较为丰富的访谈资料进行编码、归类和提炼的基础上获得的，如果结合下述案例资料则可更加清晰地看到各类因素的影响和作用。

（二）督导双方各因素相互影响

在四对研究对象督导过程的经验中，可以发现督导者与被督导者各因素之间相互影响的情形，以及督导双方交互作用的情况。探讨这些因素如何作用于督导效果，以及双方如何互动因应，对专业品质与服务效果的改善，都大有裨益。

1. 督导双方的专业水平与能力和个人态度相互影响

个人态度和专业水平与能力是督导双方均认为影响督导过程及效果最重要的两个方面，同时这两个方面相互影响、相互作用。

（1）督导者的专业水平和督导能力与其督导态度相互影响。一方面，督导者的态度会影响其督导能力和专业水平，例如 1R、2R、3R 在访谈时均提及在督导过程中"有强烈的自我提升意愿""认真积极排忧解难"极为重要，这种良好的工作态度和高投入度会促使督导者通过阅读相关书籍、参加培训或讲座等方式不断学习深造，从而提高个人专业水平及督导能力。

　　　督导是自己的本职工作，必须认真对待，我们的努力孩子们都会看在眼里，会起到引导他们努力的示范与榜样作用。这几年只要有学习和培训的机会，我就会参加，尤其是有关督导的讨论。（摘自 1R 的访谈记录）

在督导过程中，督导者与被督导者双向互动，督导者自我提升的意愿不仅会作用于自身，同时被督导者也会看在眼里，记在心里，起到潜移默化的作用。

比如给实习生们讲认知情绪疗法时，我自己要先复习这个理论，然后再查找些最新的文献资料，做好准备才能指导他人，不然岂不是误人子弟。同时社工实务的问题真是层出不穷，自己的专业储备真不一定能应付得过来，还是需要不断地学习与提升，和实习生们共同成长，一起解决难题。（摘自 2R 的访谈记录）

现今社工需面对形形色色的案主，其需求更为复杂和多元，督导者也并非只需面对被督导者即可，督导关系是多面向的，其最终目的还是不断提升为案主服务的品质，这需要个人以积极的态度来促进其永续发展。

新问题、难题不断出现，知识不断更新，我们的操作与观念可能会过时，也经常需要求助与帮助。高校作为一个智囊团，能带给我们一些最新的社工理念，给予学术性的支持；来参会的其他同行，我们可以互相交流经验、探讨难题；国外与我国港台地区的老师会分享前辈们先进的成果与方法，帮助大陆的社工提高与进步，带给我们新的观念与角度。（摘自 3R 的访谈记录）

督导者若将学习作为职业生涯中不可或缺的一部分，积极参加多元化的在职训练，并不断更新社会工作及督导相关的理论实务理念与方法，就可切实促进自身的专业成长，提升督导能力。

另外，督导者的专业水平和能力也会影响其督导态度，1R、2R、3R 也提及如果个人专业水平与督导能力达到一定水准，在督导过程中能够有良好的表现，得到被督导者的正向评价，看到被督导者的成长，也会增强自身对社会工作及督导的专业与职业认同感和满足感，进而提高工作积极性与投入度。

（2）督导者的专业水平和能力会影响督导风格。督导者较为丰富的督导经验与较高水平的督导能力会有助于其表达对被督导者的尊重，洞悉被督导者的心理，洞察被督导者的思维方式、精神状态、需求以及所处遇的问题等，通常会更易因材施教，灵活机动，在双方互动过程中选择合适的督导风格。

> 每位同学在实习的不同阶段有共性与个性的问题，需要提前介绍与提醒，打好"预防针"，然后灵活应对；也要重视督导技巧与沟通技巧，比如积极地聆听、发问的技术、解释引导与总结的技巧、有效地回应；最重要的是同理、真诚的态度，这和与案主沟通乃至人际交往的道理都有异曲同工之处。（摘自1R的访谈记录）

> 他们都个性十足，要因材施教，还要细心观察他们需要我们帮着做什么，有时候他们不会直说的。（摘自3R的访谈记录）

经验丰富的督导者善于观察、洞悉被督导者的心理，会运用多重技巧帮助对方有效解决遇到的各种问题，也能够根据被督导者的个性、特性来灵活应对、因材施教，使督导风格多元化。

> 我们自己首先要有扎实的理论基础、丰富的实务与督导经验，方便示范指导、对症下药，帮助他们梳理知识、查缺补漏，建立良好的督导关系。而且有的孩子天马行空，可以适当放手在关键时候把关就行，有的就要制定契约一步一推。（摘自2R的访谈记录）

督导关系是社会工作督导的核心（Tusi，2008），督导者经常扮演协助者、引导者、示范者及支持者的角色，其专业水平与督导能力会影响角色的表达。

（3）被督导者的专业水平和实践能力与其个人态度相互影响。一方面，被督导者在督导过程中的态度影响其专业水平和实践能力的提升情况，例如，1E 没有开展小组工作的经验，对精神健康领域专业知识储备匮乏；2E 没有实习经验，社工理论知识基础薄弱，对医务社工领域也缺乏了解；3E 也从未涉及临终关怀领域。刚开始三者在专业水平与实践能力上均有不足，但他们都拥有积极的学习态度，在实践工作中主动查阅资料，积极与督导沟通，认真开展个案及小组活动并进行评估与反馈等，这些均有利于技能的提升，从而获得自我成长与专业水平提高。

另一方面，被督导者的专业水平和实践能力的提高也会反过来影响其个人态度，包括督导过程中的投入度、自我提升意愿、专业认同度以及未来继续从事本职业的意愿等，正如 2E 希望继续做医务社工，3E 期望能一直留在临终关怀领域。

> 我在实践期间对社会工作"以人为本"的核心理念及其他价值观有了进一步的认识，虽然很难但在老师们的帮助下都迈过了。我很热爱这份助人自助的工作，也希望未来能够继续从事社工行业，继续实习、继续学习，努力提高、充实自我，从而更好地为案主提供服务。（摘自 2E 的访谈记录）

正所谓"关关难过关关过"，被督导者得到了来自他人的或结果层面上积极正向的反馈，会继续坚持，在社工行业中努力与发展。

> 我现在已经工作大概半年了嘛，基本适应了安宁疗护的环境，在这段时间总要不断调整自己的状态，厘清情绪，之前总要面对生离死别真的很痛苦，但是谁都是这么过来的，有支持有鼓励，消除顾虑后，我渐渐对临终关怀产生浓厚的兴趣，迫切地想要帮助更多的服务对象，提供更好的服务，发挥自己专业的作用……老龄化越来越严重嘛，很多家属照看不过来，需要更多人投身到这个行业当中，虽然工作压力比较大，有时还要控制自己的情绪，但还是希望自己未来能够坚持做下去。（摘自 3E 的访谈记录）

当被督导者感知到自身水平的提高、在工作中渐渐感到得心应手、对社工某领域了解愈发深入、得到督导者的肯定时，更会促进其继续投入努力，同时增进自身对社工的认同，未来继续从事本职业的意愿也会随之增强。

此外，研究发现当被督导者积极取向的个人态度并未对其实际的工作产生正向作用时就有可能出现负面效果。4E初入职场时工作的积极性很高，对社工职业也有很强烈的认同和很高的期许，但由于在工作期间并未感觉到专业能力提高，案主的反馈也没有达到他对自身的要求，便渐渐产生自我怀疑，认为"不管我怎么努力都没用""可能天生不适合做这行"，从而严重影响工作情绪，感到更强烈的挫败感。同时他认为"督导给予的压力"以及"督导工作的缺位"使他没有得到及时的身心调整，最后选择放弃社工职业谋求其他工作。

2. 被督导者心理特质、状态影响个人态度、投入度、专业能力的体现

个人态度与投入度和专业能力的体现情况均会受到个人心理特质与状态的影响，它们共同作用于督导过程及督导效果。

（1）被督导者的个人心理特质与状态会影响其个人态度与投入度。适当的压力可以作为推动力，但压力过大则会起到反作用，当个人无法面对与处理这些压力时，通常会产生一些负面的感受与消极的信念。

> 有时候写着写着小组计划书就开始想我那论文该怎么写才好了……一想到×号线的地铁，都没地儿抬手，想下个电视剧看看熬过去都不行，心好累啊。

> 那是职工联欢会又不是患者与家属的活动，与工作内容无关，行政的凭什么对我颐指气使啊，气儿不打一处来。还有就是同学，我觉得我本科过得挺快乐的，研究生这才读了半年，怎么老是遇到一些莫名其妙的怪人。真是天下之大，无奇不有。（摘自1E的访谈记录）

1E认为其在督导过程中处于承受诸多压力的状态，比如实习忙碌、课业重、赶论文，同时他把这看作一个个的负担，感到疲累，导致其注意力分散、上班走神，工作的状态与投入度自然下降。此外，与机构产生冲突，会非常影响情绪、消解实习动力。他认为遇到与同事和同学的人际关系矛盾会令他情绪低落甚至失控，无心工作，个人态度与投入度直线下跌。

> 面色苍白、双目紧闭、布满褶皱的面庞掩盖了他们的情绪。有的老人全身插满管子，连接着各式各样的仪器，我仿佛听到那些仪器一直在对老人们咆哮，恐惧感席卷而来。看到包扎了一层又一层的纱布，想象到纱布下面的创口，像是自己的疼痛一样，忍不住气血上涌，眼泪也流个不停。（摘自 3E 的访谈记录）

3E 细心、体贴、负责、周到的个性使她能够主动细致观察，充分为案主考虑，工作准备周全，无论在生活还是工作中都态度积极，认真投入。而当其面对案主相继离世的打击时，悲伤、消极的情绪自然也会影响到日常的工作与生活。

（2）被督导者的心理特质与状态会影响其专业能力的体现。比如 2R 结合以往督导的经验发现，缺乏自信的被督导者在督导过程中的反思也相对缺乏，对待督导者所说的话不加反驳与反思。2E 的性格比较内向、不自信，加之异地实习不适应环境，在刚开始阶段也基本上对 2R 说的话照单全收，不敢独立开展工作，难以展现其专业能力。再比如 3E 本身对小组活动开展的准备很充分，但是面对多人的场合会不自觉地怯场，难以调动气氛，影响了正常发挥。

3. 督导双方的专业能力影响督导双方的期待

第一，被督导者的专业能力状况会影响督导者对其的工作期待，能力越强，督导者对其工作的期待值越大。例如，4E 社工理论知识基础较扎实，实践技能掌握到位，有丰富的医务社工实践经验，对医务社工领域也较为了解，因而，4R 对 4E 在工作上的分数和表现也抱以更高的期待。

> 他（4E）理论基础扎实、实践经历丰富，履历很不错，能力也不错，人手不够，多布置点儿任务磨炼磨炼也好。（摘自 4R 的访谈记录）

第二，督导者的专业能力状况同样也会影响被督导者对其督导的期待，能力越强，督导者对其督导的期待值越大，反之亦然。例如，4E 在督导过程刚开始的阶段，认为 4R 是经验资深的社工，又是整个社工团队的负责人，他一定能够帮助自己不断成长进步。但在经历一段"有名无实"的督导后，4E 认为 4R 的督导能力实在难以达到心目中的标准，也认为 4R 很久没做也不想做实务，其工作能力不断下降，于是对 4R 的期待值不断变小，甚至灰心失望不再抱以期待。

　　开展完小组活动做一个象征性会务性的总结；还说机会留给年轻人，以前做了很多实务，现在就不需要做实务了；本来以为……算了，结果对我工作也没什么帮助。（摘自 4E 的访谈记录）

　　第三，被督导者的专业能力状况会随着督导进程有所变化，能力变强，督导对其工作的期待值也会相应变大。例如，1E、2E 两位被督导者在督导开始阶段，无论理论知识还是实务经验都不尽如人意，但随着实践的深入，他们助人服务的专业能力慢慢提升，1R、2R 两位督导者对他们在工作上的要求和标准以及认为其能完成任务的期望也相应提高。

　　第四，被督导者的专业能力状况会随着督导进程有所变化，能力变强，其对督导者所表达的学习期待也会相应变高。3E 认为在督导过程中，自己对临终关怀领域渐渐了解，也尝试开展了一些实务工作，由此，自身期待学习知识与能力的层次也不断提高。她不再满足于督导者对于实务介入的引导，而是更期待督导者向自己阐述某种介入选择背后的深刻含义、如何链接更多资源、如何联结整个助人服务的脉络等。2E 也表示自己在实务专业能力提升的过程中，越发能够清楚自己的状况与需求，希望 2R 协助、督导的期待也随之更加明确与具体。

4. 督导风格影响督导角色功能与定位

　　督导角色功能与定位指督导者在督导过程中扮演的角色定位、发挥的督导功能以及相关行为，根据访谈资料可以看出督导风格和其角色功能与定位存在一定的相关性（见表 2）。

表 2　督导者风格、角色及功能对比

向度	1R	2R	3R	4R
督导风格	个人吸引力型	人际互动敏感型	民主与自由结合型	专制型
督导角色	支持者与教育者为主行政者为辅	支持者教育者协调者	"督导社工"学习者同路人	管理者领导者

续表

向度	1R	2R	3R	4R
督导功能	充分发挥支持与教育功能 行政功能弱化但必不可少	支持功能 教育功能 协调功能 三位一体	问题解决功能 学习功能 支持功能	主要发挥 行政功能

督导风格是督导者对被督导者所采取的态度、反馈方式及方法（Friedlander and Ward，1984），其风格形态受个人的理论取向、世界观所影响，同样也会影响其督导策略与焦点、督导形式、督导技术与督导作为（王素莹、连廷嘉，2008）。

如表 2 所示，1R 具有"个人吸引力型"（Friedlander and Ward，1984）的督导风格，这种风格的督导者在督导过程中散发个人的、人际的魅力，让被督导者在督导过程中较愿意开放袒露自己的缺失与感受，降低督导抗拒行为的发生。

> 我觉得亲切的风格特别适合自己，与 1R 老师关系蛮亲密，从头到尾我跟她接触下来她都特别温柔，所以在她面前的话我基本什么话都敢讲，但跟其他老师可能自己的需求就不太会也不太敢表达。听她说话有种如沐春风的感觉，明显感到这个人是很好相处的，大家就都在她循循善诱之下愿意去分享，甚至不舍又不忍心不去参加团体督导，偶尔请假了也会单独去找她补督导的。（摘自 1E 的访谈记录）

> 督导最重要的是发挥支持与教育两种功能，这两种功能相互融合、密不可分。而行政的氛围和感觉在督导过程中应当不断弱化，但是不能取缔。（摘自 1R 的访谈记录）

1R 在督导过程中非常友善、亲切、和蔼，给予 1E 温暖、包容与信任，呈现开放与弹性，极具积极正向性与支持性，使 1E 愿意主动与其沟通、分享。1R 也认为自己在督导过程中主要扮演支持者，承担支持性功能。

2R 属于"人际互动敏感型"（Friedlander and Ward，1984）的督导风格，重视督导关系，综合知觉与直觉的层面，投入督导历程，能够奉献、省思、创新且机智，让被督导者感受到督导者的用心及付出，发展良好的督导关系，愿意斟酌考虑督导者的建议进行实务开展，进而提升专业效能。在督导过程中，2R一直秉持着换位思考的想法，考虑到2E的个人情况，主动付出与照顾，不仅在专业实习上帮助其提高与进步，在个人生活上也为其考虑，同时鼓励其敞开心扉，扩大交友圈，促进个人心灵的成长。

我在督导过程中时常需要扮演协调者和中间人的角色，督导夹在中间最难做啦！在医院各个部门、科室及领导、同事之间沟通关系……而且必须换位思考，相互理解，这也是社工必备的能力。（摘自2R的访谈记录）

3R认为自己属于"民主与自由结合型"（Lewin，1939）的督导风格，遇到问题时会讨论，工作任务也会给予3E很大的自由发挥空间。

领导与督导有共通之处，我不是完全"放任型"，也希望自己不是高高在上，用批评指点的方式与被督导者沟通的领导者，督导双方可以共同提高，与她（3E）做一对在临终关怀这条艰难但有意义的社工路上携手共进的同路人。（摘自3R的访谈记录）

4R属于"专制型"（Lewin，1939）督导风格，他更注重工作目标、工作任务与工作效率，根据个人的了解与判断来监督和控制被督导者的工作，倾向于在督导过程中扮演管理者与领导者的角色，承担更多的行政性功能，而教育性与支持性功能则略显不足。

上头不允许；我有经验，这事听我的准没错；你又没结婚、没有孩子，这个岁数的小孩子和家长怎么想的，对这你能有我了解得多？
我们是三甲医院，患者流转率非常高，社工部的工作相对来说非常紧张。中国人骨子里的文化就是接受层级制度、尊敬前辈，我作为督导、作为资历最深的社工，要扛起重担为整个社工部门负责，事情分轻重缓急，就有红、黄、绿三种灯，红灯事务比如部门方向、加班/年假时间、任务的布置等，这都是根据医院和部门整体来的，没什么讨论的余地；

> 黄灯事务比如年度的工作计划与目标、新项目的申请、服务的性质等，我们也会开会讨论，我都考虑得很周全详细了，一般他们也挺认同没什么意见，就直接形成集体决策了；绿灯事务比如具体到病区开展的各种服务，都是专业的员工了，应该给他们自由发挥的空间，让他们自行讨论决定，我只管看产出的结果即可。（摘自 4R 的访谈记录）

> 我站在他（4R）的角度考虑，他是管理者，需要权威感管理团队，做顶层设计，很忙也没时间顾及个别问题。那他就不能换位思考一下，如果我对他颐指气使，下达这么多任务，他什么心情。（摘自 4E 的访谈记录）

督导者是被督导者模仿的对象，被督导者会观察督导者如何与案主、同事、下属相处，并从其沟通方式与内容、处遇问题等表现中判断其督导、管理与专业能力；同时督导双方的权力关系会影响督导关系与督导工作的进程，双方存在既定的权力不对等关系，督导者需对权力的使用负责，而非忽略其存在。

（三）督导双方态度深刻地影响督导过程及结果

1R、2R、3R 三位督导者均表示看到被督导者有很积极主动的态度时，会非常乐于回应，在督导过程中也有更高的投入度；反之，如果自己多次提出建议未得到被督导者的回应与行动，就像石沉大海一样，则督导的热忱与积极性会渐渐消散，因为自己有很多位被督导者等待帮助，也有很多其他的工作任务需要完成。同时督导者如果发现被督导者有很强的成长动机、有主动学习的取向，也会积极帮助，比如推荐书籍、带其参加讲座、相互交流探讨等。在这个过程中，督导关系会逐步提升，督导者也会协助被督导者在专业与工作上获得更多成长，为案主提供更优质的服务。

同样地，督导者看到被督导者的努力与进步会受到鼓舞，推动其自我提升；而被督导者看到督导者的认真与付出，也会在示范效应下主动学习并积极应对工作。督导双方的态度与行为像镜子一般相互影响，从而形成一个良性循环。

相反，如果被督导者认为自己怀有一腔热血，督导者却投入度不足，参与程度低，让被督导者难以接受，久而久之，就会相处困难，有事情也都憋在心里隐而不说。而督导者认为被督导者的工作绩效一直达不到自己心里的标准，其态度也没有自己想象的诚恳，于是可能采用批评、指责的方式，引起被督导者的怨念。由此，督导双方关系冷淡甚至破裂，被督导者感到疲累与厌倦，对助人工作热情度、工作效率降低，对工作甚至整个行业失望，则不利于个人与行业的发展。

（四）督导关系对督导效果有重要影响

督导关系是社会工作督导的核心（Fox，1983；Kaiser，1997），是影响督导品质与效果的重要因素，正向的督导关系能塑造出成功的督导工作，促使被督导者学习到专业知识、态度与技巧（Holloway，1995）。沈黎等（2019）认为督导关系对督导结果的影响主要体现在被督导者的自我效能感、自我揭露度、职业满意度与职业倦怠、对督导的满意度、新手的成功服务结案率等，笔者根据研究对象的督导经验发现督导关系还影响被督导者的开放度、专业与个人成长以及实务工作效果，以下将结合文献进行分析。

1. 督导关系影响被督导者自我效能感

自我效能感（self-efficacy）（Bandura，1977）是指个体对自己是否有能力完成某一行为所进行的推测与判断，具体表示人们对自身能否利用所拥有的技能去完成某项工作行为的自信程度。在督导过程中，自我效能感主要体现在初级社会工作者认为自己是否有信心与信念为案主提供专业并有效的助人服务。研究对象的督导经验表明，在督导关系从初步建立、提升再到紧密的正向发展过程中，通过督导者发挥的教育与支持功能以及督导双方交流的融洽程度，被督导者能够逐渐认知自身专业能力的变化、判断督导双方的态度与行为，以及感知与评估实务工作开展的效果，从而更加敢于尝试为案主开展服务，也更有信心来提升服务质量。反之，如果督导者以批判居多，督导关系朝僵化—矛盾—破裂的消极方向发展，被督导者则易产生挫败感，自我效能感降低甚至产生自我否定意识。

2. 督导关系影响被督导者的自我披露度与开放接纳度

许多研究表明在督导过程中，如果督导双方维持良好的督导关系，被督导者会有更强烈的自我披露意愿（Gunn and Pistole，2012；Ladany et al.，2013；Schweitzer and Witham，2018），而被督导者是否愿意向督导者分享会对督导效果起到关键性的作用（Ladany et al.，1996）。被督导者愿意披露能使督导者更易了解被督导者的个人世界与不足之处，也能使督导者更易了解其对自己的看法与意见，从而进行有针对性的督导或改变督导方式，反之则易减少被督导者提高的机会。在本研究中，案例一督导双方的关系较为亲密，1E 认为有问题、有需求会从 1R 老师那里及时获得帮助，在周记中会经常分享在服务中遇到的问题与自身不足之处并得到及时的回应，由此，1E 逐渐获得专业成长。而在案例四中，督导双方的关系较为紧张，4E 对督导过程中存在的问题、对督导者的看法、对工作中遇到的问题与需求等均隐而不说，督导互动呈负面趋向并难以改善，被督导者工作绩效由此逐渐降低。

因此，如果督导双方能建立良好的互动关系，营造舒适的自我披露氛围来有效沟通与表达各自的想法，对整个督导过程非常有利。同时，督导关系也会影响被督导者对于督导内容的开放接纳程度，进而影响到督导效果。这与日常人际交往的"同体效应"（于朝晖，2009）道理相同，人们通常愿意询问并接受与自己交好的朋友的建议，而难以认同与自己交恶的人的意见。

3. 督导关系影响被督导者对督导过程的满意度

许多文献研究表明，被督导者对督导过程的满意度与督导关系呈正相关（Ladany et al.，1999；Humeidan，2002；Schweitzer and Witham，2018），本文研究也印证了这一论点。访谈中笔者向被督导者发放督导满意度调查表并请其为督导关系打分，结果发现，督导双方建立的情感联结越紧密，被督导者对督导过程的满意度越高；反之亦然。同时，四位被督导者均提到，在督导过程中，随着督导关系的发展，被督导者对督导过程的满意度会上升或降低。

4. 督导关系影响被督导者的专业与个人成长

被督导者的成长是检视督导效果最直接的方式，Baltimore 和 Crutchfield（2003）认为，督导可以提供个人专业的标准和协助被督导者维持与发展临床技术，同时也在创造一个产生学习的脉络，而在决定督导有效性的因素方面，督导关系与督导技术同样重要。Gazzola 和 Theriault（2007）认为，督导是一种合伙的关系，督导者作为在这段关系中握有相当权力的人，在督导中应该重视良好督导关系并营造安全有利的督导环境，鼓励被督导者秉持开放的胸襟面对反馈，在督导过程中要敢于表达督导需求。在本文研究中也发现，社会工作专业实习生或一线新进社工总是会对实务的挑战和督导者的评价感到担心与忧虑，如果双方建立良好的督导关系，督导者充分发挥其教育与支持功能，更深入地了解被督导者的专业能力和个人心理特质与状态，不抱以批判的态度，就可以营造一个舒适的督导氛围，有利于被督导者能力的提升与知识的接受，增强其自信心、自我觉察以及自主学习的意愿，获取更大的成长空间。

同时，督导关系中双方的态度与行为也会投射到实务当中。被督导者在访谈中也纷纷表示：若其感觉到在督导关系中有好的部分会吸收内化并运用到与案主关系的建立与维系当中，比如督导者支持与鼓励的话语、看待问题的积极角度、关系在亲密的同时也设有边界的示范等；当其观察到督导者所呈现的角色与定位时，也会寻找并检视自己在督导关系以及社会工作专业关系中的角色与定位，比如支持者、协调者、评估者、资源链接者等；当督导双方的关系需要调整或产生变化时，督导者会引导被督导者了解变化的原因、厘清关系的状态、判断关系是否合适、考虑应当如何调整等，而在实务中这些思考也同样需要。

综合来说，督导关系建立在督导过程中督导双方各自所持的专业能力、风格特质、期待与目标等方面之上，虽然双方各方面都存在一定的差异，但被督导者都会在督导关系中感受到不同程度的正向或负向的情绪，进而表现出特定的行为与态度。正向比如信任、接纳、尝试、积极学习、分享与讨论，负向比如焦虑、压抑、挫败感、失望、消极怠工等，从而影响其工作、专业以及个人成长。

5. 督导关系影响被督导者的实务工作绩效

案主的反馈是检验被督导者实务效果最重要的方式，案主的改变、问题的解决、症状的减少或满意的表达等反馈都与被督导者实务工作绩效挂钩。McCarthy（2013）通过研究发现督导关系的加强会使其成功结案率提高。在社会工作实务过程中，技巧和方法不能仅凭课堂灌输，更需要不断实践、切实体验从而获得提高，而专业督导的教育、指导可以帮助被督导者少走弯路，更快为案主提供更优质、更专业的服务。2R 也直言在自己刚开始从事社工行业时缺少督导，渴求专业的督导指导实践工作。她认为良好的督导关系能够让双方像合作伙伴一样共同面对实务工作带来的压力，相互分享并排遣焦虑、恐惧等负面情绪，从而增强其工作信心与开展实务工作的动力。更何况督导者能够用已有的专业能力、阅历与工作经验从旁协助被督导者解决实务工作中遇到的问题，进而促进被督导者不断升级最终成为一位能够独立开展实务的专业社工。相反，4E 在消极的督导关系中，难以独自承受来自督导者与实务的双重压力，工作效率逐渐降低，工作动力渐渐消磨殆尽，最终在负面情绪中决定放弃社工工作。

（五）其他整全性因素对督导过程及效果有一定影响

从对督导经验脉络的梳理中不难发现，其他整全性因素在每个案例的督导经验中都占据一席之地。案主、机构、同辈、学校、政策、文化、社会、行业协会等督导脉络的方方面面，会在不同情境对督导过程及效果产生不同形态的影响。笔者运用绘图展示的方法呈现四个案例督导过程中的其他整全性因素（见图 3、图 4、图 5、图 6），限于篇幅，在此不再详述。

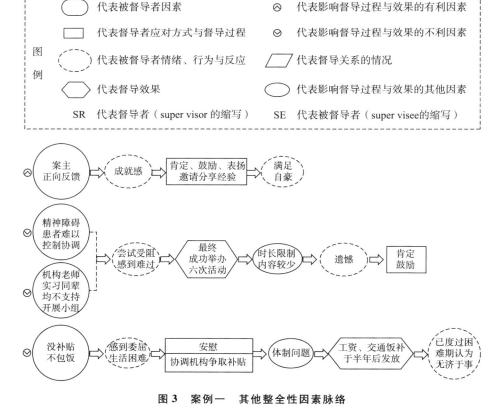

图 3　案例一　其他整全性因素脉络

资料来源：研究者自制。下同。

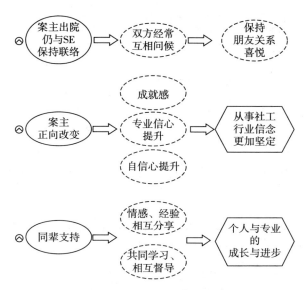

图 4　案例二　其他整全性因素脉络

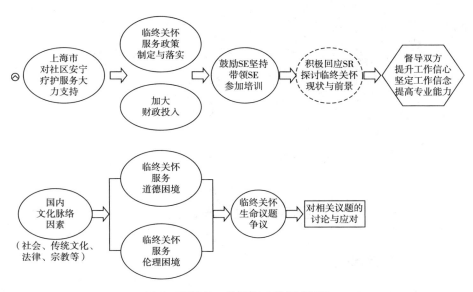

图 5　案例三　其他整全性因素脉络

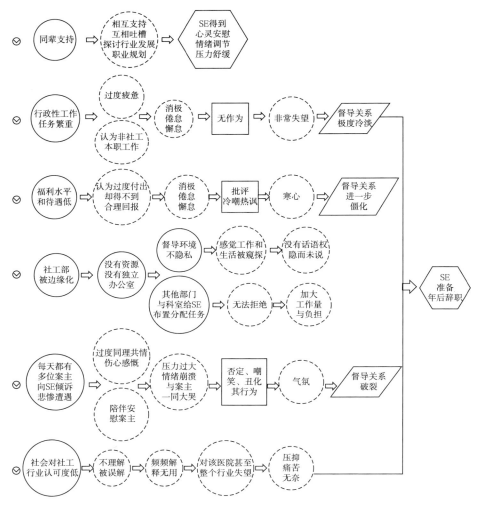

图 6 案例四 其他整全性因素脉络

四 研究结论与讨论

（一）研究结论

1. 社会工作督导效果的影响因素分为三种类型

通过对四个案例督导经验的分析，督导过程中影响社会工作督导效果的因素可归纳为督导者因素、被督导者因素以及其他整全性因素，其中督导者因素包括专业水平与能力、督导态度与风格、角色功能与定位、理论/实务与价值取向四个维度；被督导者因素包括专业水平与能力、个人心理特质与状态、个人态度与投入度、对督导的认知/期待及相关经验四个维度；其他整全性因素包括案主、同辈、机构、学校、政策、文化、社会、行业协会等方面。

2. 督导双方对各因素的因应方式最终影响督导效果

通过研究发现，督导者与被督导者因素虽然多是督导双方自身带入督导过程中对督导效果产生一定的作用，但随着进程的推移，督导双方的因应方式才是最终影响督导效果的关键所在。与社工和案主协同解决问题的过程逻辑相似，督导双方通过对彼此各因素与事件的因应，同时在互动过程中建立并发展督导关系，进而导向最终的督导效果。在应对其他整全性因素时，督导双方的表现也同样重要、不可忽视，而双方的因应方式与态度也离不开文化与环境的影响。

3. 影响督导效果的关键在于督导双方的能力与态度

四个案例的督导双方均认为影响督导效果的关键督导者因素是专业水平与能力和督导态度与风格，影响督导效果的关键被督导者因素是专业水平与能力和个人态度与投入度，能力与态度是公认最重要的影响督导工作的开展、督导的进程、督导关系的建立与发展、督导双方的成长以及社工服务品质的因素。

4. 社会工作督导需要予以整全性的理解与讨论

其他整全性因素在不同情境对督导过程及效果产生不同形态的影响。督导活动发生在一个高度多元化的世界，这些多元的力量在督导过程与实务中的影响不可被忽视。社会工作督导作为"使能"的过程，涉及机构、督导者、被督导者、案主等各主体之间的相互影响与交流，而且每个主体都在自身的文化脉络中有其各自的背景、情况、目标等，社会工作整全性督导模式为我们研究国内督导过程提供了全面的视角，兼具了宏观与微观的角度，防止我们孤立、静止、片面地看待与对待互动和发展的过程。

（二）进一步讨论

本研究以社会工作整全性督导模式为理论框架，深入地探讨了督导过程中的社会工作督导的多种因素及其相互关系，以及它们共同对督导效果

的影响。经过深入探析，本研究尝试进一步厘清它们的关系，由此归纳和
提炼一种分析模式（见图 7）。

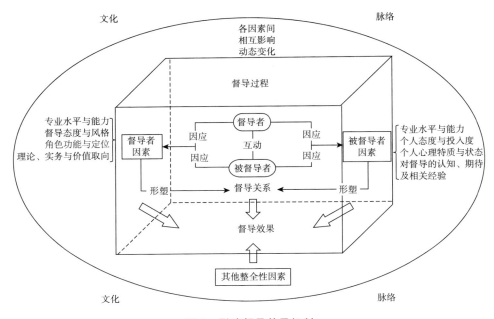

图 7　影响督导效果机制

诚如图 7 所示，在整个文化 - 脉络的包裹中，督导过程、督导关系及督
导效果三位一体。在督导过程中，督导者与被督导者构建督导关系，其间
不断进行互动，在互动过程中展露督导双方各自的特质：督导者的专业水
平与能力、督导态度与风格、角色功能与定位、理论/实务与价值取向等方
面；被督导者的专业水平与能力、个人心理特质与状态、个人态度与投入
度、对督导的认知/期待及相关经验等方面，而这些都是影响督导效果的因
素。深入研究发现，无论是督导者还是被督导者，双方都认为最助益和最
阻碍的因素集中在专业水平与能力以及态度的两个层面，由此可见，态度
与能力是督导双方认为影响督导效果的关键所在。此外，其他整全性因素
对于督导过程及效果的影响也不容忽视。

这些因素会相互影响并不断形塑着督导关系，同时依托督导双方对各
因素的因应方式，共同作用于督导效果：一是督导者或被督导者的内部因
素会相互影响，如督导者或被督导者个人的专业水平与能力和态度会相互

影响、个人专业水平和督导能力会影响督导风格等；二是督导者和被督导者的各自因素会相互影响，如在督导中，督导双方的专业水平与能力的动态变化影响督导双方的期待。同时，督导关系对督导效果也有着重要影响，包括被督导者的自我效能感、开放接纳度、对督导过程的满意度、专业与个人成长情况、实务工作绩效等。

参考文献

梁汕祯，2015，《中部地区社会工作督导角色关系焦虑、督导风格与权力运用策略之相关性研究》，硕士学位论文，台湾东海大学。

沈黎、邵贞、廖美莲，2019，《助人工作领域督导关系的研究进展与展望——基于2000—2018年的文献研究》，《社会工作》第2期。

Tsui，M. S.，2008，《社会工作督导脉络与概念》，陈秋山译，台北：心理出版社。

王素莹、连廷嘉，2008，《从督导风格、依附关系谈谘商督导同盟关系的促进》，《谘商与辅导》第315期。

于朝晖，2009，《教学过程中几种心理效应的运用》，《大众商务》第18期。

张洪英，2012，《中国社会工作实习督导模式的发展》，济南：山东人民出版社。

Baltimore，M. L. and Crutchfield，L. B. 2003. *Clinical Supervisor Training：An Interactive CD-ROM Training Program for the Helping Professions.* Auckland：Pearson Education New Zealand.

Bandura，A. 1977. "Self-efficacy：Toward a Unifying Theory of Behavioral Change." *Advances in Behaviour Research & Therapy* 84（4）：139 – 161.

Fox，R. 1983. "Contracting in Supervision：A Goal Oriented Process." *The Clinical Supervisor* 1（1）：37 – 49.

Friedlander，M. L. and Ward，L. G. 1984. "Development and Validation of the Supervisory Styles Inventory." *Journal of Counseling Psychology* 31（4）：541 – 557.

Gazzola，N. and Theriault，A. 2007. "Super-（and not-so-super-）Vision of Counsellors-in-Training：Supervisee Perspectives on Broadening and Narrowing Processes." *British Journal of Guidance & Counselling* 35（2）：189 – 204.

Gunn，J. E. and Pistole，M. C. 2012. "Trainee Supervisor Attachment：Explaining the Alliance and Disclosure in Supervision." *Training and Education in Professional Psychology* 6（4）：229.

Holloway，E. 1995. *Clinical Supervision: A System Approach.* Newbury Park，CA：Sage.

Humeidan, M. A. 2002. *Counseling Self-efficacy, Supervisory Working Alliance, and Social Influence in Supervision.* Muncie: Ball State University.

Kaiser, T. L. 1997. *Supervisory Relationships: Exploring the Human Elements.* Pacific Grove, CA: Brooks Cole.

Ladany, N., Ellis, M. V., and Friedlander, M. L. 1999. "The Supervisory Working Alliance, Trainee Self-efficacy, and Satisfaction." *Journal of Counseling & Development* 77 (4): 447 – 455.

Ladany, N., Hill, C. E., Corbett, M. M., and Nutt, E. A. 1996. "Nature, Extent and Importance of What Psychotherapy Trainees Do not Disclose to Their Supervisors." *Journal of Counseling Psychology* 43 (1): 10 – 24.

Ladany, N., Mori, Y., and Mehr, K. E. 2013. "Effective and Ineffective Supervision." *The Counseling Psychologist* 41 (1): 28 – 47.

Lewin, K. 1939. "Field Theory and Experiment in Social Psychology: Concepts and Methods." *American Journal of Sociology* 44 (6): 868 – 896.

McCarthy, A. K. 2013. "Relationship Between Supervisory Working Alliance and Client Outcomes in State Vocational Rehabilitation Counseling." *Rehabilitation Counseling Bulletin* 57 (1): 23 – 30.

Schweitzer, R. D. and Witham, M. 2018. "The Supervisory Alliance: Comparison of Measures and Implications for a Supervision Toolkit." *Counselling and Psychotherapy Research* 18 (1): 71 – 78.

【青少年社会工作研究】

新时期闲散青少年的风险预防与服务创新

雷海波   彭善民*

摘　要　闲散青少年关系社会稳定及中长期青年发展规划实现。当前都市闲散青少年群体呈现四大特征：有体面工作意愿，缺乏积极求职行动，3 年以上长期失业问题突出；强家庭依赖，弱公共服务获得，关注国家政治，正式途径行使社会参与权少；多数来自低学历、低收入家庭，"中职学历现象"凸显；26～35 岁青年的失业率和严重不良行为率占比双升，成为新的高危人群。专业的社会工作服务是应对上述风险的重要途径。闲散概念的模糊性与条块分割下基层服务点的脆弱性是闲散青少年社会工作服务困境的集中表现。闲散青少年社会工作未来需要立足风险预防与系统增能的视角，聚焦"观念性闲散"与个体的价值赋能、闲散青少年家庭增能、闲散青少年友好型社区营造、义务教育延伸与学校社会工作的制度创新。

关键词　闲散青少年　社会工作　风险预防　服务创新

青年既是推动经济社会发展的有生力量，也是影响社会稳定的重要因

* 雷海波，上海商学院社会工作系讲师，博士，主要从事青少年社会工作研究；彭善民，上海大学社会学院教授，主要从事宏观社会工作研究。

素。青年就业被视为稳定社会的一项安全阀机制。由于青年群体自身的脆弱性，青年人在经济危机中首当其冲，生活容易陷入窘境。在西方工业化国家，青年失业率往往是其他成人的两倍。因为青年自身的特点，用人单位替换青年的成本更低，所以存在其失业率相较于中年人偏高的现象。由于其缺乏工作经验，或者工作技能不足等特点，找工作过程中市场失灵现象更容易出现在青年身上（毕先萍、徐章辉，2005）。国际劳工组织在 2013 年《全球青年就业报告》中以"陷入危机的一代"作为副标题来形容当代青年令人担忧的就业现状。近年来我国既不在学校读书也没有工作的无业社会青年数量持续上升，2000 年在 16～33 岁青年人口中占比为 9.4%，2005 年为 13.1%，2011年为 17.8%，2013 年高达 20.4%，总数量约为 8000 万人（李春玲，2016）。

失学失业的闲散青少年群体是政府和社会关注的焦点，中央综治委预防青少年违法犯罪专项组、中央综治办联合下发《重点青少年群体服务管理和预防犯罪工作实施方案》，将闲散青少年列为五类重点青少年群体之一。闲散青少年主要指不在学、无职业的处于失学、失业（6 个月以上）、失管生活状态下的 6 周岁以上（含）25 周岁以下（含）青少年。具体包括6 周岁以上（含）16 周岁以下不在学的未成年人和 16 周岁以上（含）25周岁以下（含）不在学、无职业的青少年。闲散青少年亦是学界探讨的重要议题。近年来不少学人就闲散青少年的发展状况（王静，2015）、服务政策（权福军，2013）、就业促进机制（曾燕波，2014）、帮扶方法（张权，2013）及海外青年失业治理经验（张爽，2016）等进行了调查与研究。相对而言，对于新时期闲散青少年的特征及风险分析与闲散青少年社会服务机制的反思较为薄弱。为深入贯彻落实中共中央、国务院颁布的《中长期青年发展规划（2016～2025 年）》和《关于进一步深化预防青少年违法犯罪工作的意见》文件精神，上海市综治委预防青少年违法犯罪专项组、上海市青少年服务和权益保护办公室等部门于 2018 年在全市范围内启动重点青少年群体底数排摸大调研工作，对 6～15 周岁没有在校学习的闲散青少年、16～35 周岁没有在校学习且持续失业 1 年以上的闲散青少年进行了问卷调查和深度走访。共排摸"社区闲散青少年"39769 人，获得有效数据39201 条，有效率为 98.57%。本文在对该项调查数据分析的基础上，对新时期闲散青少年的群体特征及潜在风险试做探讨，并试从风险防范与系统增能的视角对闲散青少年社会工作服务进行反思和重构。

一　新时期闲散青少年的群体特征及可能风险

（一）闲散青少年的群体特征

根据上海市综治委预防青少年违法犯罪专项组、上海市青少年服务和权益保护办公室等部门于 2018 年在全市范围内开展的重点青少年群体底数排摸大调研数据，总结出闲散青少年的基本特征如下。

其一，有体面工作意愿，缺乏积极求职行动，3 年以上长期失业问题突出。调查显示，闲散青少年中 53.5% 希望得到工作推荐，23.6% 希望得到就业培训，多数闲散青少年具有积极的求职意愿。其中，失业且无就业意愿的闲散青少年群体占比为 11.9%，社会新生的青少年"蛰居"现象需要高度关注。在"未找到工作的关键因素"的 8 项调查选项中，选择"没有合适的工作"的占比为 50.6%。闲散青少年群体的整体学历上升明显，学历的上升使他们对"合适的工作"的要求也相应提高，往往局限于工作环境好、社会地位高、个人兴趣强的体面工作。闲散青少年的求职动力总体不足，缺乏实际行动，长期失业问题突出。最近 3 个月中没有尝试找工作的占 59.6%，最近 4 周内没有找过工作的占 68.4%。63.4% 的闲散青少年失业 1 年以上，其中失业 1～3 年的为 28.2%，3 年以上的为 35.2%。

其二，强家庭依赖，弱公共服务获得，关注国家政治，正式途径行使社会参与权少。闲散青少年严重依赖家庭支持，与家庭显示出强联结关系。调查显示，在生活来源方面，依靠家庭其他成员的最多，占比为 43.7%；与父母共同居住的占比为 63.3%。在寻求支持方面，"遇到困难会主动找家人或亲戚帮忙"的比例最高，为 67.5%，远远高于位于第二的"找同学朋友帮忙"的比例（26.2%）。闲散青少年的基本公共服务获得相对较弱，对市青少年活动中心、本区青少年活动中心、市和区级文化场馆及体育馆不大了解的占比分别为 76.6%、60.9%、40.6%。闲散青少年显示出积极关注国家政治的倾向，通过各种媒体关注政治新闻的占比为 72.1%，经常与家人、同学、朋友等谈论国家大事的占 48.9%。与上述现象形成反差的是，闲散青少年群体中通过正式途径行使社会参与权的并不多。

其三，多数来自低学历、低收入家庭，"中职学历现象"凸显。具体来看，所有学历层次中父亲、母亲为初中及以下的占比最高，分别为44.73%、49.07%。闲散青少年所在家庭的人均月收入在 3600 元以下的占比最高，为 69.3%，远远低于上海家庭的平均收入水平。闲散青少年学历情况调查显示，中职和高中学历的闲散青少年占比为 35.9%，大专学历闲散青少年占比为 40.0%。令人印象深刻的是在大专学历中，前学历为中职的情况突出。根据对 22801 名闲散青少年的深度走访发现，有高中学习经历的为 6408 人，仅占 28%；有中职学习经历的为 16393 人，约占 72%，闲散青少年中"中职学历现象"凸显，比最高学历更具统计和说明意义。

其四，26～35 岁青年的失业率和严重不良行为率占比双升，成为新的高危人群。现有预防青少年违法犯罪工作对象中 25 岁以下的青少年违法犯罪、闲散情况好转，但未被列入工作覆盖范围的 26～35 岁青年群体形势严峻。数据显示，26～35 岁闲散青少年占闲散青少年人群总数的 67.6%，占严重不良青少年群体的 78.2%。相比 25 岁以下，26～35 岁闲散青少年潜藏着巨大的风险。长期失业与婚恋问题、家庭问题互相交织，巨大的压力之下却缺乏改变现实的勇气，再就业的意愿和行动力都更低。数据显示，26～35 岁闲散青少年群体中没有就业意愿的占 9.4%，25 岁以下闲散青少年中这一数据仅为 2.6%；近三个月没有尝试找工作的 26～35 岁闲散青少年比例为 43.2%，同样远远高于 25 岁以下的 16.4%。

（二）闲散青少年的可能风险

其一，"蛰居"风险。"蛰居"是指长时间（6 个月以上）回避社会活动（包括上学、就业及与家庭外的人交往等），自我切断与他者的联系，丧失社会行为、自我封闭的消极生活状态。"蛰居"问题萌发于 20 世纪 70 年代末的日本，给日本经济社会发展带来长期负面的影响（师艳荣，2018）。在价值多元、社会分化加剧、社会流动减缓及阶层相对固化的环境下，"佛系"成为中国社会心态的新现象（阮凯、杨义成，2018），"佛系"的基本特征是"低欲望""低对抗"，有人将之比喻为"不争不抢，不求输赢"。"佛系"文化也触发了"蛰居"现象的产生。在对上海部分"蛰居"青少年的走访调研中发现，他们有一定就业意愿，但就业目标与自身能力严重不匹配。他们通过"佛系"的态度来回避自身就业不顺遂、自我无法实现的现实，以"蛰居"的方式回避社会化的挫折，"蛰居"的实质是"自弃"

式的假性"佛系"。"蛰居"现象的加剧不仅加重了社会劳动力短缺，更消磨掉闲散青少年对美好生活的意愿，引发各种社会问题。"蛰居青少年"也被称为"隐蔽青年"，其在社会生活中的消极影响日益显现，被视为精神健康领域出现的一种新的症候群（杨锃，2012）。

其二，"反社会"风险。反社会行为是指违反社会公认的行为规范、损害社会和公众共同利益的行为，处于青春期的青少年受身心成熟影响易引发反社会行为。有研究表明，蛰居或隐蔽本身不会导致偏差行为的发生，但是蛰居或隐蔽期间接受较少的社会支持而产生负面情绪，则可能会导致青年产生偏差行为（陈康怡、卢铁荣，2014）。长期"蛰居"让这部分年轻人失去和社会的正常联结，容易引发反社会情绪，逐渐演变为潜在的、失管的风险个体，成为易被影响的群体。青少年是对社会问题敏感的人群，尤其在经济下行风险加大、就业机会减少的背景下，容易受到不良群体的消极影响。新生代闲散青少年包括85后独生子女一代、互联网成长一代和95后互联网原住民一代。他们有较强的自我意识、多元的信息渠道，对社会和政治有个人的见解，更重视对情绪释放、自我表达的追求。上海闲散青少年群体中很大一部分同时也是低收入群体，未来随着年龄的增长，当外部压力持续增大，却不习惯通过正式途径表达诉求时，往往需要寻找宣泄口，最终可能出现反社会行为。

二　闲散青少年社会工作服务困境：模糊性与脆弱性

新时期闲散青少年特征及风险是多种因素交织的结果，既与经济下行、价值多元、社会流动等宏观因素相关，又与相应的社会政策及服务供给相关。基于"政府主导推动、社团自主运作、社会多方参与"的总体思路，上海于2003年成立了为"失业、失学、失管"社区青少年提供专业社会工作服务的社会服务机构，即Y社区青少年事务中心。在社区青少年权益保护办公室的指导下，根据"创新管理、职业领先、专业服务、融入社区"的总体目标，初步形成了以工作制度、机制、机构、队伍、项目、方法、对象、保障为要素的闲散青少年工作服务体系，并在服务实践中推出了促进闲散青少年就业与发展的"启航计划"、"筑梦生涯"、"阳光下展翅"和"共享阳光"等有一定社会影响的特色服务。然而，闲散青少年社会工作服务在实践中依然面临多重困境，集中表现为服务对象的模糊性与服务团队的脆弱性。

（一）闲散青少年概念界定的模糊性

相对于矫正社会工作等服务对象的明确性而言，闲散青少年社会工作服务对象的界定比较宽泛和模糊，实际可操作性亦弱。当下通行的闲散青少年划分，是指年龄在 14～35 岁、由于各种原因处于"失学、失业、失管"状态的青少年群体，包含没有完成义务教育的辍学青少年、城镇待业青年、农村剩余劳动力、下岗青年职工、尚无稳定工作的大中专毕业生、流动人口和城镇暂住人口等七类人员（沈千帆，2013）。由于缺乏服务对象的系统转介，社区青少年社会工作者在排摸闲散青少年和寻找服务对象的时候具有操作上的难度。伴随现代社会灵活就业的发展，传统意义上以是否缴纳社会保险的方式判定闲散有失科学性。一方面，灵活就业、临时就业或非就业状态也可以自愿缴纳社会保险；另一方面，外来务工人员等在缴纳社会保险方面，也有主动放弃的情况。此外，闲散具有一定的负面标签性，一方面，闲散易与传统意义上的游手好闲联系在一起；另一方面，闲散的背后预设了无工作或工作不稳定即易犯罪的观念。犯罪社会学理论表明，犯罪与社会联结紧密联系在一起，工作关系只是社会联结的一个方面，并不等于社会联结的全部。与工作相连的社会保险并非判定闲散的核心指标，作为高危群体的闲散，其本质上对应的是"社会失联"。就社会工作而言，社会工作的对象是社会关系，尽管社会工作存在很多的领域，社工实际面对的主要是一些弱势人群，这些群体的共性特征是源于社会关系障碍，或缺损，或断裂。"失学、失业、失管"的背后实为"失联"，具体为个体初级社会关系或次级社会关系存在障碍。"失联青少年"某种程度上更能反映闲散青少年的本质，可能更适切问题导向、司法社会工作体系下的社区青少年事务社会工作服务对象的理解。实践层面，闲散青少年若能基于社会联结的角度进行分类，或许比基于工作状态或类型的分类更有科学性和可操作性。

（二）条块分割下社会工作基层服务点的脆弱性

上海针对闲散青少年的服务体系，主要依托的是团委条线下的青少年社会工作队伍，业务主管部门是团市委。市级层面是服务中心，区级层面设立服务站，街镇层面设置服务点。区与街镇共同购买青少年社工服务，负责社工的人头费与工作经费。条块分割下，团委条线社工在下沉到社区层面提供闲散青少年社会工作服务时，很容易受到"块"的牵制和影响（费梅苹，2014b）。基层街道从事闲散青少年直接服务的力量弱小，基层青少年社会工作服务点通常配置两三名青少年事务社工，没法形成专业自主的工作团队，实际工作中容易受到街镇行政部门的牵制，呈现脆弱性的一面。隶属政府主导型社会服务机构的青少年社工需要参与不少行政指派的工作任务，实际从事服务对象直接服务的时间和精力都非常有限。青少年社工针对具体的闲散青少年服务过程中，亦碰到与基层劳动保障部门或就业援助部门、居委会等工作上的部分交集，处理得当，是共赢和优势；处理不当，是竞争与排斥。此外，团委条线传统的热衷并擅长组织活动的"活动型工作模式"，其即时性等特征在长期影响或持续影响方面的效力式微，亦影响到基层青少年社工在社区的深度嵌入。共青团的工作范围和内容较广，青年就业只是共青团工作的一部分，再加上就业工作的政策性和专业性强，相对于人力资源和社会保障部门而言，是就业条线系统中相对弱细的"条"。为此，团委条线下的青少年社会工作在基层要增进服务效能，需要明晰"条块"中的角色，需要更好地嵌入社区，获得社区的有力支持。

三　风险预防与系统增能：闲散青少年社会工作服务创新

闲散青少年社会工作主要侧重于预防，需要具备长期的风险防范意识，通过对潜在风险的感知、认识、评估和分析，选择有效方式，主动地、有目的地、有计划地防范和处理风险，以最小成本力求最大效应。基于风险防范的视角，需要对闲散青少年进行多方位的系统性增能。

（一）聚焦"观念性闲散"与个体的价值赋能

新时期闲散青少年群体，不仅是缺少工作机会和就业资源的"结构性闲散"，还是缺失工作动力的"观念性闲散"。闲散青少年受"佛系"亚文化影响较大，有体面工作意愿但弱于行动的关键还是源于对劳动价值和工作意义的理解。在既有的社会工作服务实践中，比较多地聚焦于青少年就业资源的整合和就业能力的提高，在服务对象就业心态治理、工作价值阐述、工作动力激发等方面相对缺少积累和经验。青少年的观念处于走向定形的阶段，具有较强的可塑性，闲散青少年存在的价值误区较多，受到体制内的价值教育少，客观上存在这方面的需要。青少年社会工作者承担了对青少年的价值引导使命和重任，还包括价值资源的整合，丰富闲散青少年的价值资源，培育和发展其价值辨识和价值判断能力，以预防闲散青少年走向蛰居和撕裂。创新闲散青少年的价值教育，需要全面地理解闲散青少年的思想状态，同时要看到其劣势或缺点与优势或闪光点。价值教育是在思想审美基础上的思想沟通和思想增进，社工在价值引导方面，更需要看到闲散青少年思想的进步空间而非缺失或问题视角。

在实务工作中，一方面，需要自觉加强价值教育的知识、经验与技巧的学习和积累；另一方面，更重要的是社会工作者自身的职业精神、价值感和使命感充分的体现，在直接服务过程中起到榜样示范的作用。总览当前的社会工作队伍，由于社会工作者的薪水低，社会地位低，故而职业流动率较高，社会工作者的整体精神风貌不够积极，对职业的自我认同度不高。而社会工作的既有培训，多强调服务技能或技巧，为此，对社会工作者而言，特别需要加强价值观教育或职业精神的教育（费梅苹，2014a）。这方面的培训，一方面是加强职业价值教育，加强对青少年社会工作者的反身性专业性训练，以期增强社会工作者反身性能力。社会工作的反身性专业性要求调研、激发和融合各种情境性的生活条件，了解服务对象的兴趣点，考察沟通关系的存在甚至缺失，构建社会网络，以及反思专业行动对政策的推动力。反身性能力的培养可以引导社会工作者避免知识成见，以最大限度开放和原本的态度将个体生活经验与社会结构关联起来，关切个体与社会的关系与冲突，促进个体的自我形成和胜任生活能力的发展，从而自觉地将"社会"带进社会工作并更好地理解社会工作的本质意义（彭善民、宋文然、王亚芳，2018）。另一方面是提高社会工作者的政治敏感度和政治鉴别力，将社会工作价值观与社会主义核心价值观融合在一起，确保在大是大非面前有清晰的辨识能力和引导能力。

（二）闲散青少年家庭增能

家庭生活的基础性和持续性决定了其对青少年的行为养成和心理发展会产生深远的影响。不和谐的家庭关系，会给青少年心理发展带来负面影响，容易形成敏感、自卑、焦虑、敌意和偏执等消极的心理特征，难以与环境建立有意义的联系，为其成为闲散青少年埋下隐患。经济的快速发展带来社会失范与信仰缺失，而城市化与社会规范、价值理念的不同步又引发了一些家庭关系问题的出现，如父母离异、"独"二代等，从而引发青少年的一系列问题。

调查显示，大多数闲散青少年的家庭关系存在问题，主要体现在闲散青少年与父母的关系以及闲散青少年父母之间的关系等。前者主要源于父母对子女的教育方式不当（张鑫，2013）。一般有三种情况：一是在闲散青少年身心发展的重要时期，父母由于工作繁忙而缺席对孩子的陪伴，影响到安全型依恋关系的生成；二是在闲散青少年成长过程中，父母的"强权式"教育方式引起闲散青少年的抵触情绪，打骂教育给闲散青少年留下心理阴影，也影响着闲散青少年对自我的认知；三是闲散青少年的父母强加外部意志给子女，不尊重子女的想法和合理需求，影响了亲子沟通，以及对家庭的归属感。闲散青少年就业与家庭亦有密切的关系，存在"弱保护"与"强保护"两种倾向。一些是家庭提供的支持太少，一些是家庭提供的保护太多。

鉴于闲散的代际传递现象，需对闲散青少年的家庭重建与赋能予以支持。一方面，需让家庭合理地接纳闲散青少年，将闲散青少年适时地推出家门与推向社会，鼓励其就业，并提供力所能及的支持。陆家嘴街道等部分社区举办失业青年家长学习班的做法值得提倡，其为加强对失业青年家长的指导，通过"家长课堂"，组织青年和家长一起听讲座、开座谈会、参观企业等，引导家长合理、恰当地介入子女的就业计划，在家庭内部形成对长期失业青年"走出家门"的推力。总体而言，社区青少年家庭的增能策略，可根据家庭人员对社区青少年的接纳态度和能力维度，将社区青少年人员的家庭类型分为"有心－有力型"家庭、"有心－无力型"家庭、"无心－有力型"家庭、"无心－无力型"家庭，针对不同类型的家庭选择家庭治疗、家庭支持、家庭教育等家庭介入与增能方式。另一方面，家庭增能不仅是给闲散青少年家庭以各种合法支持，而且一定要明确家庭的责任，不可养成政府或社会对之"包办""包养"的心态。应倡导以"资产投资"为核心特征的积极的发展型家庭政策，发展型家庭政策区别于应急性或修补性社会政策，重视预防性和支持性帮助，通过平衡工作与家庭、增强家庭责任、发展家庭能力、重视事前预防等途径，优化家庭结构，完善家庭功能，从而有效地预防青少年犯罪（杨静慧，2013）。

（三）闲散青少年友好型社区营造

社区是青少年社会化的重要场所，闲散亦需要空间凝聚，闲散青少年的实体和网络社区空间营造尤有必要。如前所述，社区青少年活动空间的进入门槛高，存在对闲散青少年的空间排斥现象。同时，现行社区青少年社会工作的力量相对薄弱和分散，在条块分割的情况下对社区的动员和整合十分有限，在回应闲散青少年多元需求时表现出较强的脆弱性，未能形成闲散青少年的服务阵地。上海既有的针对闲散青少年的社会工作服务，常见的工作手法有个案社会工作、小组社会工作、社区社会工作，但总体而言，缺乏闲散青少年的社区营造。既有的社区空间也多为老年人群或残疾人群所占据，社区对青少年并不是特别友好。为此，青少年服务部门及社工可借基层社会治理和儿童友好社区建设之东风，加强青少年社会工作与社区的横向链接、实践共同体建构和闲散青少年功能性社区再造，以形塑坚韧有力的社区机制。可视性空间和整合性服务是服务阵地建设的关键所在，青少年社会工作通过合作共享嵌入既有的社区公共空间中。实际运作可采取错时运营的合作共赢策略，积极争取拓宽基层社区的青年空间，建立闲散青少年服务阵地，同步加强青少年实体和网络空间的治理。

国际经验表明，社区在促进青年就业方面有着重要作用，它们既是青年自主创业的舞台，又是吸纳失业青年就业的蓄水池。国外通过发展社会企业来吸纳青年就业，这类企业，主要指以家庭和社区为基础的社会服务业，家庭和社区成为创办以社区照顾为主体的社会企业的理想场所。20 世纪 90 年代以来，以社区为本的家庭企业和社区企业在发达国家蓬勃发展，在社区中创造了大量的就业机会，该项措施及发展路径可资借鉴。国内青年职业见习是弥补青年因欠缺工作经验致使求职失败的重要平台，也是提供青年劳动力就业稳定性的重要措施。上海市实施的"青年就业见习制度"等措施，在促进青年就业创业方面发挥了较好的作用，亟须积极鼓励闲散青少年顺利进入此平台，在此平台积累相应的工作经验。青少年社会工作者可以参与探索青年职业见习的社区化。青少年社工多与街镇劳动保障部门、就业援助员等增进联系和互动，充分利用既有的网格化管理资源，主动参与创建充分就业社区和创业社区的活动。

（四）义务教育延伸与学校社会工作的制度创新

调查显示，闲散青少年中的"中职学历现象"突出，闲散青少年接受过高中教育的比例低，初中毕业后接受中职教育还是高中教育，成为青少年未来人生之路的分水岭。当前职业学校毕业生的就业率尽管较高，但是在就业的可持续性、就业质量及失业率方面并不乐观。青年在毕业后如不断处于进出劳动力市场状态，则很容易将自己置于易受伤且脆弱的境地，不仅会影响青年的自尊与成就感，还将对其日后的职业生涯发展造成影响。在总体经济不佳的结构中，那些受教育水平较低或职业技能欠缺的青年在其生涯发展中往往存在认同危机，这一状况对他们的人格与心理发展均具有负面影响（蔡玲，2018）。处在未成年阶段的中职生心理成熟度相对较低，抗风险能力弱，也容易受到不良同伴的影响。在对中职生的走访调查中发现，初中分流对心智不成熟的青少年的影响较大，一些被分流到职业学校的青少年心理落差大，尊严上感到低人一等，与上高中的同学关系疏远，容易在职业学校里破罐子破摔。此外，现有中职教育层次过低，已经不能适应新兴技术不断迭代的现代社会。如今专业和职业的界限开始模糊，原有的知识体系已经被打破，从全球范围来看，各国的职业教育都面临巨大变革，未来的职业教育应该建立在更高的基础教育之上。为此，应积极倡导义务教育延伸至高中阶段，或在分流制度下加大升高中的比例，创新高中的教育模式，引导学生高中后分流，让学生高中后去职校或大学，重新进行以高中学历为基础的高层次职业教育布局。这不仅关系到人才培养能否跨越"中等收入陷阱"问题，更关系到青少年未来能否健康成长。

针对闲散青少年的"中职学历现象"，除了优化职业教育的体系与提高职业教育的层次之外，为提升中等职业教育对青少年的培养质量，建议建立和推广学校社会工作制度。学校社会工作是运用社会工作专业理论与方法于学校领域的一种专业服务，旨在协助处于不利地位的学生，以实现教育机会均等；协助学生与学校、家庭、社区建立良好关系，以增强教育的功能；协助学生获得一种适应变化的能力，促进学生社会化人格的正常发展。学校社会工作在不同体系中的资源配合以及处理学生问题等方面，都起到了不可替代的作用。在发达国家或地区，学校社会工作的开展已成为社会发展必不可少的环节，是一项专业化的社会事业。近年来，国内在推进学校社会工作的过程中亦取得不少成绩，积累了一定的实践经验（彭善民，2017）。为此，有必要在现有学校社会工作服务探索的基础上建立高层次的学校社会工作制度。当然，在既有的职业学校内提供服务的学校社工亦需结合实际提高服务的针对性，诸如针对青少年的就业问题，有必要加强金融社会工作和职业社会学的教育。金融社会工作有助于提升青少年的财务认知与技能，改善青少年的自我计划。职业社会学旨在助推青少年更好地理解工作、职业、劳动的社会意义，激发工作的动力。

四 结语

近年来，都市"尼特族""隐蔽青年"等现象兴起，闲散青少年类型出现新的变化。新时期闲散青少年群体，不仅是缺少工作机会和就业资源的"结构性闲散"，还是缺失工作动力的"观念性闲散"。与过去闲散青少年"生存性危机"相对的是当下闲散青少年的"存在性危机"，与违法犯罪的"外倾性风险"相对的是自我消沉的"内倾性风险"。内倾性风险防范一定程度上比外倾性风险防范更具有挑战性。为此，就青少年社会工作而言，一方面需要加强风险预防的自觉，另一方面需要密切关注这种风险转向，不断地进行服务创新。

闲散青少年的存在性危机是价值感、意义感、确定感的缺失。风险社会的个体化、风险分配、不确定性等特征一定程度上可以诠释这种存在性危机的发生。贝克的风险社会理论认为，风险社会充满了复杂性和不确定性，家庭和职业在风险社会中发生了变化，就业体系也呈现灵活多变及不充分就业的特征，这意味着个体将从传统的安全中脱离出来，独自面对各种选择，承担各种风险。在开放多变的当今社会，传统的决策结构、管理制度及风险治理模式已难以解决问题，需要改变现有的风险应对机制，打破专家垄断，鼓励公众参与到风险管理过程中（贝克，2004）。新时期青少年社会工作者可以从风险社会的角度理解闲散或边缘青少年身上的意义或价值危机，从传统的资源整合迈向价值增能与动力激发，注重青少年的个体参与及风险管理，推动发展风险应对的社会政策。

参考文献

毕先萍、徐章辉，2005，《国外治理青年失业的政策及其启示》，《中国青年研究》第
　　3 期。

蔡玲，2018，《青年过渡中的个体选择与结构限制——对当今青年从学校到职场过渡过
　　程中"悠悠球"现象的质性分析》，《中国青年研究》第 1 期。

陈康怡、卢铁荣，2014，《香港隐蔽青年、负面情绪及偏差行为》，《青少年犯罪问题》
　　第 3 期。

费梅苹，2014a，《上海青少年社会工作专业化发展的十年回顾与展望》，《青年学报》第
　　4 期。

费梅苹，2014b，《政府购买社会工作服务中的基层政社关系研究》，《社会科学》第
　　6 期。

李春玲，2016，《青年群体特征及诱发社会风险因素分析》，《中国青年研究》第 11 期。

彭善民，2017，《犯罪预防与联校社会工作发展》，《学海》第 1 期。

彭善民、宋文然、王亚芳，2018，《德国社会工作发展范式及启示》，《华东理工大学学
　　报》（社会科学版）第 6 期。

权福军，2013，《构建发展取向的青少年社会政策——以闲散青少年群体为例》，《中国
　　青年政治学院学报》第 5 期。

阮凯、杨义成，2018，《佛系：中国社会心态新动向》，《探索与争鸣》第 4 期。

沈千帆，2013，《闲散青少年帮扶机理研究》，北京：中国青年出版社。

师艳荣，2018，《日本青少年蛰居问题研究》，《青年研究》第 5 期。

王静，2015，《农村闲散青少年生活现状的个案研究》，《中国青年研究》第 9 期。

乌尔里希·贝克，2004，《风险社会》，何博闻译，南京：译林出版社。

杨静慧，2013，《发展型家庭政策：预防青少年犯罪的有效切入点》，《国家行政学院学
　　报》第 5 期。

杨锃，2012，《"隐蔽青年"症候群及其援助路径探索》，《中国青年研究》第 12 期。

曾燕波，2014，《社区青年就业促进机制研究——以上海市 J 区社区青年为例》，《社会
　　科学》第 9 期。

张权，2013，《基于需求管理视角的闲散青少年帮扶研究》，《北京行政学院学报》第 5 期。

张爽，2016，《澳大利亚失业青年治理对我国的镜鉴》，《当代青年研究》第 6 期。

张鑫，2013，《特大城市中闲散青少年服务管理模式探究：家庭关系修复视角——以北
　　京市海淀区闲散青少年帮扶试点为例》，《中国青年研究》第 10 期。

事件光锥模型：青少年偏差行为问题的分析框架

特日格乐　　方香廷[*]

摘　要　随着青少年偏差行为问题时有发生，青少年行为问题引发了社会和学界的广泛探讨。闵可夫斯基事件光锥模型打破以往司法矫正视角，从时间和空间维度出发，解读青少年偏差行为问题的成因，在时空对话中探索可改变的选择，为预防偏差行为问题提供了可参考的框架。基于闵可夫斯基事件光锥模型，本文提出案主发展历程模型，呈现青少年偏差行为的改变历程，结合事件光锥模型的实务要点，以期形成有效的评估与行动框架，为优化社会工作服务起到启示作用。

关键词　偏差行为　事件光锥　案主发展历程模型

一　处于改变历程的青少年

行为问题以及未成年犯罪现象，无论是对青少年群体自身的发展还是对社会秩序的稳定，都是一个重要的风险因素。行为偏差是青少年社会工

＊　特日格乐，上海大学社会学院社会工作系研究生，主要研究方向为儿童青少年社会工作；方香廷，通讯作者，内蒙古工业大学人文学院社会工作系副教授，主要研究方向为临床社会工作理论与实务、社会工作教育。

作常见的问题之一。在非专业视角下，对于青少年偏差行为的干预大多倾向于借助司法程序进行矫正，或者弥补外围环境功能的缺失，例如，从家庭关系、学校教育以及同辈交往视角进行介入，为处于困境状态的青少年提供可改变的契机（屈智勇、邹泓，2007）。

　　青少年时期在生理上是一个急剧发展的阶段，包括内在和外在的变化。霍尔的复演论将青少年时期描述为风暴期，这一描述说明了对青少年以及他们周围的人来说这是一个特别的时期。这表现在青少年生活的各个方面。例如，此时的青少年开始反感成人的权威，表现出更多的反叛，同时表现出比孩童时期更不稳定的情绪（Arnett，1999）。在实现独立的过渡期中，强烈的反叛意识和逆反心理，导致他们常常陷入一种价值和观念上的混乱状态。社会往往无法在所有的时刻、所有的地方，为所有的成员提供达到理想目标的正常途径，因此部分成员就可能去寻求非法的途径来实现自己的理想目标，这时的选择途径与社会认可的手段出现脱节和冲突，偏差行为也就出现了。

　　学界对于青少年偏差行为问题的研究大多倾向于理论研究，干预研究则偏向于青少年外显的问题行为。社会支持理论从青少年所处社会网络入手，强调优化家庭网络、学校教育氛围和社会制度网络，为出现偏差行为的青少年建构良好的社会支持网络（田茂琴，2020）。社会学习理论关注青少年交往的范围以及偏差行为出现的信号（屈智勇、邹泓，2007）。这表明要改变这一问题需要借助外界的力量，而不是只依靠行为主体，这就会造成青少年依赖外界、无法形成对自我和问题的责任意识。对青少年偏差行为的干预研究大多聚焦于改变当下的偏差认知和自我意识（孟洁，2019）。对青少年偏差过程的研究，以及对青少年自身意义世界的探索非常少。在解决问题的同时，我们应从全人的视角去解释人在生活中遇到的困境。

　　已有研究主要在实践中发现青少年偏差行为成因并尝试提出解决方法，虽对后续讨论有借鉴意义，但在理论层面相对薄弱，缺乏全面细致的参考和行动框架。基于闵可夫斯基事件光锥模型所提出的案主发展历程模型，从更开放的时空维度，解释偏差行为问题的认知根源，依照评估—觉察—转变的逻辑，探索有效的行动框架。基于爱因斯坦狭义相对论提出的事件光锥模型（汪洁，2017），强调时间的不可逆性和空间的动态性，强调聚焦于此时此地，由此提出的案主发展历程模型试图回答以下问题：偏差行为青少年的时光锥体是怎样的？他们的时间光锥和空间光锥对此刻的他们有着怎样的影响？这样的时光锥体是否存在改变的可能性？

二 青少年的发展状态与困境

青少年是处在成长过程中的群体。从文字上看，词根 adolescents 在拉丁文中的意思是长大；从喻义上看，它指的是从开花到成熟之间的一段时间。从理论上讲，任何具有行为能力的人都可能出现偏差行为，青少年尤其值得我们密切关注。从心理角度而言，从儿童到成年人的过渡是自我认同与角色混乱的时期，是个体尝试独立又容易陷入困惑的阶段。青少年时期的发展特征包括从父母那里获得更多的自主权和独立性。这也是许多青少年寻求刺激和冒险的时期（Zuckerman，1994；Zuckerman et al.，1978）。这一阶段的人会接收到外界不同的信息，他们会根据自己以往经验筛选信息形成自己独特的认知风格，根据自己的内部认知形成外部输出。随着信息的不断输入，人的结构网趋于更加多样性，人的图式更迭加速，关系网络更加复杂。

（一）青少年与外部环境的互动

1. 青少年对外部信息的输入

青少年是一个特殊的代群，因为生长发育的特殊性以及在社会生活中的特殊位置，他们大多处于家庭和学校中，通常扮演着被保护的角色，人际关联相对简单，多与首属群体互动。

这个阶段的人思维能力趋于独立与成熟，对于新事物的接受度较高，渴望得到他人的支持与认可，表现欲望强烈。对于外界持有较高程度的好奇与敏感，外部世界为他们带来学习的素材，青少年与社会环境建构出不同的互动模式，每种互动模式会为他们带来不同的外界刺激，其包含负面的和正面的强化。例如，家庭教育的正面引导使大多数青少年从小就树立良好的道德价值观；青少年通过大众媒体了解外界信息，其中不乏不良信息，社会经验较欠缺的他们，在盲目跟风或考虑不周的情况下容易受到影响而去模仿，从而习得违反道德或社会规范的行为。值得关注的是，青少年鲁莽、违反规范和反社会行为的比例比儿童和成年人都要高（Arnett，1999）。他人对青少年的负面标签很容易使青少年将标签内化于自身，成为低自尊、低自我或破罐破摔的人，没有希望的人。

2. 外界对青少年的认识

青少年时期的人有他们的叙事风格，逐渐造就具有代表性的文化现象，成为现代社会文化想象的一种。这是根植于时代文化基础上的亚文化，是一种极具特征，既有积极意义又包含不安定因素的文化，其明显的"反叛性"常常令成人社会产生烦恼和不安。

青少年的社会交往和感情寄托对象往往是同辈群体，他们倾向于群体式行动，每个小团体有自己独特的文化。积极的同伴关系可以满足他们的参与、归属需要，获得认同感和亲密感。反之，他们会将注意力转移到其他群体，为得到群体内部的认可，尽管他们所习得的行为与社会主流文化和道德价值观不一致，出于义气也会选择与同伴相一致的行为，这就在无形之中加大了他们形成不良品德和犯罪的风险（刘岸英、孟宪乐，2001）。

（二）青少年与自我的互动

1. 青少年认知方式的独特性

青少年依据外界对自身的评价和看法形成对自己的认识。科尔伯格的道德发展阶段理论提到大多数青少年和成年人的道德发展属于习俗道德观，这一阶段的人会遵从社会习俗，以做事取悦他人或服从法律为出发点思考而维持目前地位。

首属群体是他们与外界互动的第一选择，在社会关系中青少年会形成独特的性格、认知风格以及行动模式。与首属群体间的良性互动会为他们带来较强的自信、自我认同感和自我价值感。反之，若无法胜任社会关系网中的角色，他们就会陷入自我怀疑和混乱之中，造成与社会环境的不良互动。

青少年的心理发展与他们成长的社会环境密不可分，所处的社会环境、校园和家庭环境无一不影响着他们的思想与观念。大众文化随着现代化发展越发商品化，追求一时的虚无而缺乏道德与理性的思考，这对于自控能力薄弱的青少年是一种负面的植入与强化。家庭是孩子社会化的直接环境，父母是孩子的首任老师。父母对孩子的溺爱让孩子养成自私任性又无责任意识的性格，这样的不良性格往往会带来违背道德规范的行为问题甚至加大犯罪风险。学校的环境重在立德树人，但一些学校的教育理念与立德树人等理念有所差距，一味追求成绩与升学率，缺乏对学生思想品德的关注。成绩不理想的同学很容易被边缘化，甚至遭遇校方的劝退，这样的学生无法在班级群体中得到尊重，会将注意力转移到学校以外的群体，加入社会上一些不良组织，造成问题行为甚至犯罪的不安定风险（姬会然，2007）。

2. 青少年的发展路径选择

青少年阶段是一个选择的时期，通过这些选择，青少年会获得自主权，承担责任，并面对决定的后果，日益增长的决策需求会严重影响偏差行为的产生（Kathleen et al.，2010）。个体在其生命周期中会扮演不同的角色，与他人互动形成社会关系网络。社会关系网络的形成会给人带来各式各样的信息反馈。对于不同方式的信息反馈，个体会根据自身经验进行选择，与自己的已有图式进行适应和平衡。

从儿童到成年是形成独立人格的关键时期。社会关系网络的复杂化以及信息网的繁杂化对这个阶段的人都是一个挑战，独立的选择与思考对于他们未来的发展都是必不可少的功课。选择正面引导的社会支持网络，可以接收到积极导向的信息反馈，经过学习与强化形成行动模式。反之，会使青少年选择并不适宜个体成长与发展的社会网络，造成阻碍自身健康成长与发展的风险以及影响社会秩序的不安定因素。预防和制止这类问题的发生，需要关注青少年本身，将他们置于情境中，使他们觉察自身潜在的可能性和改变的选择路径。

三　发展历程的时空属性

（一）闵可夫斯基事件光锥模型

青少年所经历的种种转折事件发生在他们自身的时间和空间中。1905年，西方物理学家阿尔伯特·爱因斯坦在《论动体的电动力学》一文中提出狭义相对论。爱因斯坦的老师、德国数学家闵可夫斯基在狭义相对论的基础上，建立了时空数学模型，包括四维时空图和事件光锥模型，这意味着事件光锥是相对论的标志性象征（汪洁，2017）。事件光锥模型强调人所处的困境体验状态是一个时空事件，人的未来潜藏可改变的信念感，过去蕴含可参考的例外经验，人处于此时此刻，未来和过去对于当下的人来说都是一个可以发展的选择途径。运用事件光锥模型分析处于困境体验状态的人，可以跨越时空限制清晰地解释人的能量状态以及转变的可能性。

事件光锥模型出自闵可夫斯基的时空数学模型，时空数学模型把时间作为空间的一个维度与另外三个维度整合了起来（汪洁，2017）。时空中出现的任何事件，要用它独有的四个数字来描述：三个空间的坐标描述事件发生的位置，一个时间的坐标描述事件发生的时间（见图1）。事件光锥模型图有两个重要的要素：三维的空间（闵可夫斯基空间）与一维的时间（汪洁，2017）。

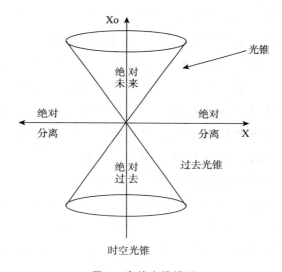

图1 事件光锥模型

我们所生活的世界是四维"空间－时间连续区"。空间是三维连续区，人所处的空间可以是宏观角度的宇宙，也可以是微观角度的一个特定坐标，可以确定的是只有处于此地的人才能感知自我，做出行动。人可以自由地在空间中行动，每个人的行动空间根据其选择而不同。人的行动范围决定着我们感知空间的范围，可感知的范围越大，可介入的情境越多，情境的多样性给人带来更为丰富的选择。

时间维度和空间维度的区别在于时间维度只朝一个方向运动。时间代表着物质运动的延续性、间断性和顺序性，时间一直向前延伸，已发生的时间成为过去时间，具有不可逆性。未来是未知数，我们无法超前经历，两者绝对独立，只有此时事物正在发生，人感知空间。随着时间的更迭，过往经历和未来期待影响着此刻的人，因而时间轴包含着改变的空间。

一切事物或现象由四维时空决定，四维空间在三维空间的基础上加上时间轴形成第四维。每个人的成长轨迹在空间中沿着时间发生变化，一维时间和三维空间的焦点聚焦于此时此地的人，人可以体验到的或即将经历的范围以正比的方式发生，即随着时间线的增加人可以感知的空间也增加，时间的更迭带来对于空间的感知深度，形成人独特的时光锥体。

（二）青少年发展历程的时空解释

事件光锥模型将人的问题状态视为时空中发生的一个事件，这与社会工作中问题外化的价值理念相合，将人与问题分离有助于建构一种安全又接纳的专业关系，促进人的改变与成长。事件光锥模型可在专业服务过程中，为社会工作者和案主提供一个参考框架。案主可以根据事件光锥模型共同评估他们的情况及接下来的行动计划。过去光锥可以为评估工作提供脉络化的解读，呈现案主自己未觉察的例外细节以及积极的叙事架构。未来光锥可以体现其对生活的改变意向和意义体验。

1. 青少年偏差行为及其时空情境

根据狭义相对论，任何有质量的物体运动速度都不可能超过光速，因此事件光锥应该是该事件能够影响到的最大时空范围，凡是处于这个光锥以外的东西均不受影响（汪洁，2017）。每个人的时间与经历有限，无法完全体验无限延伸的时空范围，只可感知有限的时空范围；每个人的经历与期望不同，时光锥体的宽与窄的范围也会有所不同。处于此时此地的人可感知到的时光锥体是有限的，甚至对于一些人来说，时光锥体的存在是无察觉的，这就是人陷入困境的原因所在。青少年偏差行为（deviant behavior）指青少年的价值理念和行为违背大众所能接受的行为标准，偏离社会主流文化的行为规范。青少年对于外界有着较高的敏感度和好奇心，自我约束力较差，自我表现力强。

人的问题是时空中发生的一个事件，从这个事件出发，分析未来目标导向和过去觉察导向对这一事件的影响，在这个过程中让人自我探索和回归本位，发挥自己的优势解决问题，以解决导向看待问题，将问题与人本身分离，培养解决问题和预防风险的能力，做到真正的自助。

2. 青少年发展历程的解释框架

以往对青少年偏差行为成因的分析偏向于解决导向，认为青少年出现偏差行为是他们本身出现了问题，他们的问题会持续严重化，需要通过外部资源纠正他们的错误。将发生在青少年身上的偏差行为置于现在的情境中，结合时间轴的未来与过去分析当下情境中可改变的空间。未来、过去与现在的对话，可以改变人本身对自己的看法，转变看待问题的思维模式，促使他们发现自身优势和目标，从而改变现状，提升解决问题和预防风险的能力。

以当事人为本的解释框架，为社会工作者和案主提供了自我互动的更多可能性。二者探讨其时空中的潜能的同时反思自身，领悟人的本质与案主进行联结，这样不仅会找到问题的解决之道，还会体现人在情境中的诸多选择性。社会工作者在与时空的对话中总结例外的经验或者有意义的目标，作为当下工作的参考框架。

3. 青少年偏差行为预防

光锥将发生于时空的事情称为时空中的事件。基于事件光锥模型，青少年偏差行为的发生属于时空中的事件，它将人与问题分开，关注此时此刻的问题状态。

从现在出发回溯过去，对于过去的体验会有两种态度：解释和归因。人对于过去积极体验的解读往往是接纳的，这些积极体验也会影响人现在的状态。对于过去发生的不良体验人们往往是逃避的，并将此刻的问题状态归因到过去的消极体验上。例如，良好的家庭氛围与父母的鼓励式教育会为孩子带来高度的自我认同感，培养他们独立解决问题和面对风险的能力与心理动力。相反，对孩子关注少的家庭氛围，会让孩子缺乏依恋与安全感，对于社会支持网的选择欠缺考虑，容易被人利用，踏上违反道德规范的歧路。

人会根据以往经验或者希望联想未来。关于未来，人们普遍偏向于积极的想象，根据现有情况判断，当下的人对未来表现出期待。根据罗森塔尔效应提到的人们希望事情是什么样的，便会朝着那个方向努力，当下的人会向所期望的未来靠拢。未来的想象还有另一种期待，被标签化的人往往会将社会给予他们的问题标签内化于自身，被迫接受自己就是问题，只着眼于当下的问题，将问题的严重性延伸到未来时间，让自己困顿于绝望中。

过去的经历与未来的期望都会影响到此刻的情境。处于困境状态的人往往习惯从消极角度看问题，会将自身的问题归结到过去的不良互动上，再将这样的状态延伸到未来，从过去到未来一直关注着问题甚至令问题更为严重化，忽略解决问题的潜在资源。处于问题状态的人在回溯过去时总结例外情境，反思现在的困境，解构自己当前的叙事风格，重构自己的解读框架。基于现有的状况思考未来的意义所在，在寻求未来意义的过程中就会发现可改变的目标定位。

事件光锥模型解读了人陷入困境的根源，同时也体现了人的时间光锥角延伸扩充的可能性。消极与积极意向的选择影响着人发生改变的可能性，如果只聚焦于消极的一方，未来的绝望值与过去的后悔懊恼都会影响人在当下情境中做出的判断，影响他们后续要做出的行为。回忆过去找出例外回归到事件本身，对未来较高的期待值会让人找到问题的突破口，找出自助的关键点，增强自己的复原力。

四　基于事件光锥模型的服务模型建构

（一）模型设计

事件光锥模型是解释过去、现在和将来的一个理论模型。物质的运动发生在三维的空间，人的运动需要添加一维的时间才成立，三维的空间加一维的时间就是四维时空（汪洁，2017）。我们所生活的空间随着时间的推移不断更迭，所处的位置可以通过运动发生改变。空间不是单一的线条，它要以平面的方式体现。时间具有一维性，即不可逆性，只可向前延伸，作为时空坐标度的纵轴。时间与空间的焦点也是坐标系的原点，即时间线上的空间上的此地。问题体验状态发生在现在。此时此刻的人有着自己独特的时光锥体，时光锥体代表着每个人的经历与向往，人的时光锥体也存在于时空之中，只有与人有关的事件才会影响到人本身；在时光锥体以外的事件是无关情境，无关情境存在于时光锥体以外，或许对现在的人有间接的影响，但不会直接反馈到现在的人（见图 2）。

人的时间光锥分为未来光锥和过去光锥，两者都会影响此时此地的问题状态。未来光锥代表当下有困扰的人对即将发生事件的期待。此时有困

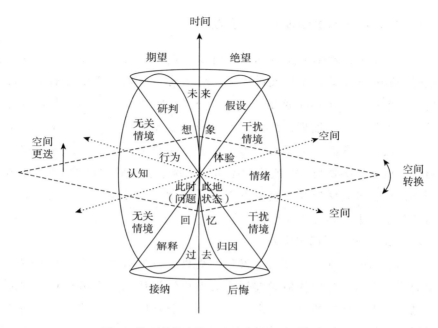

图 2　基于事件光锥理论的案主发展历程模型

扰的人想象未来的过程中会出现两种态度：期望与绝望。期望是说接纳现在的不足，在未来期待中发现自己的可能性，做出相应的改变，找到改变当下问题状态的突破口。绝望指将问题标签内化于自身，假设自己没有可改变的希望，逃避现实和责任，忽略解决问题的潜在要素。未来光锥里，期望状态相比绝望状态，体现了问题外化、澄清角色与责任、改变动机的可能性。

　　过去光锥代表人所经历的事件。当下的人在回溯过去时呈现两种态度：接纳和后悔。接纳指对已发生事件的解读是理性的，在这个过程中往往存在例外情境的觉察，例外情境的觉察对当下处于问题状态的人是一种应对与复原的选择。后悔指对过往事情的认知具有归因性质，将此刻所处的境地归咎于以前的经历，只关注问题本身往往会忽视解决之道。在过去光锥里，接纳状态相较于后悔状态体现了对于例外的发现、事件本身的聚焦。过去不只有不愉快和痛苦的伏笔，它潜藏着为现在问题做参考的解决方法，以及改变的导向。

（二） 改变历程的维度与向度分析

以一名沾染烟瘾的初中生为例，青少年偏差行为的形成受团体内部相互接受和满足所影响，参与或讨论风险行为时相互表达喜悦可能是高质量友谊的一个指标（Dishion et al，1995）。这名初中生常常背着家长和老师与自己的几个伙伴一起抽烟，最初因好奇模仿影视剧中的情节，在一次又一次的尝试之下，渐渐染上烟瘾。为买烟偷拿父母的钱，到后来偷拿同学的钱财，最后为了买烟与几个伙伴一起向低年级学生收取"保护费"，威胁恐吓同学，经多名同学反映，校方发现这一问题后与几位学生家长沟通，并对这几名学生进行了批评教育。

1. 多维角度：时间与空间

案例中初中生抽烟，是当下发生的事件。依据时间光锥来看，过去光锥中的某些因素可能导致他对抽烟行为形成错误认知，而影响到此刻的行为。过去光锥中对抽烟行为一定还有其他的引导因素，如学校的禁烟活动或者媒体对于健康的宣传等。跳出抽烟这一问题，过去光锥中也蕴含与同伴互动的其他模式，如相约去运动和学习等。除了过去光锥，当事人的未来光锥中还存在很多选择，探索自身擅长的或喜欢的行动以替代当下的行为模式。从空间光锥来看，抽烟给当事人带来快感的同时又让他们面临被批评教育的后果。这一系列事件发生在此时此地，不代表会随着时间一直延续下去，如果当事人觉察到时间与空间锥体中存在的种种选择，他们的处境就会发生改变。

2. 可能与选择

从此刻情境出发，过去的经历不只是消极的、有问题的伏笔，如果人们只关注这些，就是把问题内化于自身，忽视了对问题本身的思考，以及对于问题解决的例外经验。每个人的价值都是相同的，问题是问题，人是人，问题的外化使人脱离了自我污名和责难，解构当下叙事并以新的身份解读现在的问题。

结合案例中当事人的时光锥体，当事人过去的体验中存在例外情境，例如，在接触抽烟之前与同伴的相处，或者与父母和老师的沟通方式。对未来的研判中也存在当时做出改变的期望，认识到自身角色的责任，并付诸行动，作为初中生，学习是首要任务，在厘清角色的同时付诸行动。

未来事件光锥模型中绝望到期望、过去事件光锥模型中后悔到接纳的转变，需要当事人觉察时空中的可能性，跳出问题的压制，从此时此地出发，探寻有创造意义的能力和改变意向的信念感，建构发展导向的行动框架。

（三）事件光锥模型的实务要点

1. 聚焦现在

事件光锥模型将人的问题状态视为一个事件，而非人的问题，事件只是发生在空间当中的一个情境，与人的价值无关。人抛开问题的标签化，才可以自我接纳，自我认同，理性地思考过去和未来，觉察时空中的可能性，改变消极意义的认知，重新建构行为模式。事件随着时间的更迭发生于空间里。我们只能存在于现在，无法重回到过去也无法穿越到未来，我们需要立足于此时此刻的情境中，将人置身于当下展望未来和反思过去，可以使我们更加脉络化地发生改变，让自己拥有足够解决问题和抵抗风险的能力。

2. 发现可能性

每个人拥有其独特的时光锥体，每个时光锥体蕴含着资源和能量。人处于问题体验状态是因为未觉察到自身的能量，习得无助感，事件光锥模型为我们提供了评估和觉察的参考框架，以脉络化的形式探索自我的时光锥体能量，为自己增能培力，摆脱当下的无助感，发展预防问题的能力。

3. 积极行动

人与生俱来就有优势，每个人的经历或期望都是他们独具一格的发展潜能。未来的期望为此刻的问题状态提供了改变的空间，过去的接纳为当下的问题情境呈现了觉察的可能性。在想象未来时，如何将绝望转变为期望，回溯过去时如何将后悔转变为接纳，都需要我们站到此时此地，评估未来的可改变空间和过去可觉察的可能性。未来光锥与过去光锥潜藏着可解决问题的资源，当我们将人与问题本身分离开来，在体验中找到选择性，人的行为发生改变，独立解决问题的能力便得到提升，人的时光锥体便随之扩大。

五　结语

事件光锥模型为人的成长提供了时空性对话的可能性。将人置于此时此刻的情境中，分析探讨未来与过去对现在的影响，评估人改变的意向和方向。基于人的时光锥体探索消极意向到积极意向转变的选择性，展开重构叙事和目标取向的行动框架。这一过程本身就是扩展人的时光锥体的体验和尝试，无论是对社会工作者还是对案主来说，觉察自我的可能性及其意义，是对自我、人与人或者社会工作者和案主之间联结的探索的途径。

案主发展历程模型的时空视角与社会工作的问题外化工作模式不谋而合，与人在情境中的专业理念相契合。无论是对社会工作者本身还是对案主本身来说，当下、过去和未来的时空连接，展现了人与情境互动的储备能量及人的能量运行状态，弥补了单一的视角和介入方式，为社会工作专业服务提供了更大的思考空间。但在实际操作过程中，注意不要过于执着于改变，忽视人的能动性和真正的需求。人处于问题中很难觉察自己的需求，社会工作者如何使介入效度发挥到最大，不将自己的意志强加于案主本身，使他们真正意识到自身时光锥体中的选择以及运用可能性和延伸可能性的能力，需要在干预行动中进一步考证。

参考文献

爱因斯坦，2014，《相对论》，曹天华译，北京：新世界出版社。

布莱恩·阔克斯、杰夫·福肖，2010，《为什么 $E = mc^2$？——人人都能读懂的相对论》，李琪译，武汉：长江文艺出版社。

昌永菲、费梅苹、黄丹青，2014，《社会工作视角下的偏差青少年自我概念干预》，《当代青年研究》第 5 期。

常进峰，2020，《时空社会学：青少年犯罪成因的新视角》，《中国青年社会科学》第 1 期。

费梅苹，2009，《社会互动理论视角下青少年社区矫正社会工作服务研究》，《青少年犯罪问题》第 3 期。

费梅苹，2010a，《偏差青少年边缘化过程的互动机制及行为逻辑研究》，《社会科学》第
　　2 期。

费梅苹，2010b，《偏差青少年同伴圈的形成研究及对社会工作的启示》，《华东理工大学
　　大学学报》（社会科学版）第 3 期。

韩庆龄，2012，《从社会化角度解读青少年犯罪的原因》，《社会工作》第 9 期。

姬会然，2007，《心理—社会模式下对我国青少年犯罪的思考》，《社会工作》第 4 期。

蒋云龙，2019，《勒温场论介入青少年偏差行为矫治的应用研究》，硕士学位论文，广州
　　大学。

康树华，2000，《青少年犯罪、未成年人犯罪概念的界定与涵义》，《公安学刊》第 3 期。

李瑞霞，2008，《浅析社会工作者如何应对青少年偏差行为》，《理论月刊》第 4 期。

刘岸英、孟宪乐，2001，《青少年犯罪的心理根源及预防》，《教育探索》第 4 期。

孟洁，2019，《青少年行为问题干预研究：从治疗模式到优势视角模式的转变》，《社会
　　工作与管理》第 3 期。

屈智勇、邹泓，2007，《青少年违法犯罪的基本特点及发展轨迹研究》，《中国青年研究》
　　第 1 期。

田茂琴，2020，《社会支持理论视角下偏差青少年的行为矫治研究》，《大众文艺》第
　　6 期。

汪洁，2017，《时间的形状——相对论史话》，北京：新星出版社。

王瑞鸿，2002，《人类行为与社会环境》，上海：华东理工大学。

魏树林，2007，《青少年犯罪的心理分析与应对》，《社会工作》第 3 期。

张昱，2019，《社会工作：从本质上实现人的改变》，《社会科学辑刊》第 6 期。

Arnett, J. J. 1999. "Adolescent Storm and Stress, Reconsidered." *American Psychologist* 54
　　(5): 317 – 326.

Damron-Bell, Jessica. 2011. *The Development of Deviant Behavior in Adolescents: The Influence
　　of Student Characteristics and School Climate.* Electronic Theses and Dissertations.

Dishion, T. J., Andrews, D. W., and Crosby, L. 1995. "Antisocial Boys and Their Friends
　　in Early Adolescence: Relationship Characteristics, Quality, and Interactional Process."
　　Child Development 66 (1): 139 – 151.

Dishion, T. J. and Owen, L. D. 2020. "An Analysis of Friendships and Substance Use: Bidi-
　　rectional Influence from Adolescence to Adulthood." *Developmental Psychology* 38 (4):
　　480 – 491.

Dishion, T. J., Nelson, S. E., Bullock, B. M., and Winter, C. E. 2004. "Adolescent Friendship
　　as a Dynamic System: Entropy and Deviance in the Etiology and Course of Male Antisocial

Behavior. " *Journal of Abnormal Child Psychology* 32: 651 – 663.

Hartup, W. W. 1996. "The Company They Keep: Friendships and Their Developmental Significance. " *Child Development* 67 (1): 1 – 13.

Kathleen, Moritz Rudasill, Thomas G. Reio, Natalie Stipanovic, Jennifer E. Taylor. 2010. "A Longitudinal Study of Student-teacher Relationship Quality, Difficult Temperament, and Risky Behavior from Childhood to Early Adolescence. " *Journal of School Psychology* 48 (5): 389 – 412.

Stoolmiller, M. 1994. "Antisocial Behavior, Delinquent Peer Association, and Unsupervised Wandering for Boys: Growth and Change from Childhood to Early Adolescence. " *Multivariate Behavioral Research* 29 (3): 263 – 288.

Gove, Walter R. and Robert D. Crutchfield. 1982. "The Family and Juvenile Delinquency. " *The Sociological Quarterly* 23 (3): 301 – 319.

Zuckerman, M., Eysenck, S., and Eysenck, H. J. 1978. "Sensation Seeking in England and America: Cross-cultural, Age, and Sex Comparisons. " *Journal of Consulting and Clinical Psychology* 46 (1): 139 – 149.

Zuckerman, M. 1994. *Behavioral Expressions and Biosocial Bases of Sensation Seeking.* Cambridge University Press.

知行合一：社会工作者专业反思能力的提升过程研究

——基于 S 市禁毒社会工作行动研究项目[*]

王亚荣　费梅苹[**]

摘　要　2021 年是我国"十四五"规划的开局之年，标志着社会工作发展进入高质量发展的新阶段。但目前，解决服务对象现实问题与专业助人成长之间如何保持平衡，依然是社会工作实践中颇具挑战性的议题，其中社会工作者是否具有专业反思能力是关键，有必要对社会工作者专业反思能力建设历程开展研究。而行动研究强调行动中反思、处理实践中复杂的问题并重视专业发展，与专业反思能力的培养具有契合性。因此，本研究以 S 市禁毒社会工作行动研究项目为例，依据行动研究和项目实施的要求，发现专业反思能力的培养，经历了"知行分离—知行磨合—知行合一"的实践过程，社会工作者逐渐有意识地、批判地、主动地对专业助人活动过程进行专业反思。研究进一步发现，专业反思能力的培养，关键在于深入服务对象生活情境、重视实践性知识，

　　[*]　本文系国家社科基金项目"中国社会工作本土化理论与实践模式研究"（项目编号：18BSH153）的阶段性研究成果。

[**]　王亚荣，华东理工大学社会工作系博士研究生，研究方向为司法社会工作；费梅苹，通讯作者，华东理工大学社会工作系教授，博士生导师，研究方向为司法社会工作。

通过彰显专业优势产生提升动力。

关键词　专业反思能力　行动研究　知行合一　社会工作者

一　问题提出

社会工作经历十年的快速发展，逐渐成为创新社会服务方式、满足人民群众多样化需求、促进社会问题解决、预防化解社会矛盾的重要力量（闫薇，2020），截至 2020 年底，全国社会工作专业人才总量达到 157.3 万人，其中持证社会工作者 66 万人。2021 年是我国"十四五"规划的开局之年①，标志着社会工作发展进入深度职业化的新阶段（徐道稳，2021）。但目前解决服务对象现实问题与专业助人成长之间如何保持平衡，依然是社会工作颇具挑战性的议题，具体表现为社会工作在一些重要领域发挥作用但角色地位还未制度化、岗位开发滞后（王思斌，2020）、专业教育和训练还比较欠缺（范志海等，2011）、理论与实践分割（文军、何威，2014）等。因此，社会工作者的专业能力建设成为当前重要任务之一。

社会工作者需具备实务技巧、价值伦理、理论知识和反思能力四种专业能力（雷杰、黄婉怡，2017；蔡屹、何雪松，2012；古学斌，2011），经过培训、实践等社会工作者较容易掌握前三种专业能力，反思能力则是将前三种专业能力转化成适宜具体情境的关键要素（张威，2017），如果社会工作者持续面临反思能力的缺失或反思成效甚微，很容易陷入"技术化"和"去政治化"的"囚牢"（雷杰、黄婉怡，2017），且反思能力的培养需要花费大量时间、精力，才能获得反思带来的成效（卢玮，2019）。因此，专业反思能力成为阻碍社会工作者专业能力提升的关键内部因素，而行动研究是兼具行动和反思的学习历程（麦克尼夫、怀德海，2002），通过系统的操作方法，能够培养社会工作者的反思能力。本文将依托于 S 市禁毒社会工作行动研究项目，探究如何在行动中提升社会工作者的专业反思能力。

---

① 2021 年发布的《中华人民共和国国民经济和社会发展第十四个五年规划和 2035 年远景目标纲要》第一次明确将发展社会工作写入我国经济社会发展五年规划，成为参与社会治理的重要社会力量，参见 http://www.gov.cn/xinwen/2021 - 03/13/content_ 5592681. htm？pc。

由于禁毒社会工作者需要具备专业与戒毒康复的双重工作能力（吕庆，2018；付美珍，2020），面临的实践场域具有复杂且典型的特点，对禁毒社会工作者专业反思能力提升过程的探究，对培养一般社会工作者的专业反思能力具有启发意义。

二　文献综述与研究方法

（一）文献综述

社会工作者的专业反思能力，早在 1995 年英国社会工作教育训练中央委员会（Central Council for Education and Training in Social Work，CCETSW）修订的社会工作专业资格认定中，就将"对实践的反思和批判分析能力"（reflection upon and critical analysis of practice）① 作为社会工作者专业能力之一。之后，很多学者在 CCETSW 基础上，进一步明晰专业反思能力在社会工作实践中的重要意义，如维斯（Vass，1996）认为通过反思和行动的方式，有助于防止理论脱离实际。社会工作研究中对专业反思能力的关注，最具代表性的是实践研究，2008 年在英国索里斯堡召开的第一届国际社会工作实践研究会议中关于实践与研究的关系探讨，特别强调伦理性反思和批判性反思，之后几次会议中也同样强调社会工作者必须具备反思能力（邓锁，2017）。

国内学者在探讨社会工作者时也同样重视培养社会工作者的专业反思能力。古学斌（2011）重视在社会工作教育中培养反思能力，教育者扮演协调催化者的角色，与学生共同探索。张威（2017）在分析社会工作者的核心职业能力时，认为社会工作专业性主要体现在"是否启动了反思原则"，强调了反思能力的重要作用。童敏、罗敏敏（2017）从助人服务角度出发，认为社会工作者在行动中反思日常生活问题，来不断挖掘服务对象生活场景中主观的、隐藏的信息，培养服务对象问题解决的能力。王海洋等（2019）更多从助人实践整体出发，认为当前社会工作逐渐沦为一种具

---

① CCETSW, *Competence in Social Work*, http://westlearn. org. uk/dipsw/handbook/compsw. html, 1995.

有形式性、例行性、缺乏主体反思性的技术性实践活动，要解决这一问题必须培养社会工作者在行动中反思的能力。上述观点从不同层面提出，需要培养社会工作者专业反思能力，且社会工作者的专业反思能力主要涉及三方面：第一，建立在专业认识基础上；第二，在专业实践过程中进行专业反思，且能够处理复杂多元的问题；第三，社会工作者有意识地、批判地且积极主动地对专业助人活动过程进行自我检查、自我审视。但这些观点更多从观点、理念出发，还缺少对专业反思能力培养的实践路径和框架的详细探讨（童敏、史天琪，2018），很难从根本上提升社会工作者的专业反思能力。

社会工作领域对专业反思能力的观照主要受美国学者唐纳德·舍恩的影响，其在 20 世纪 80 年代出版的 *The Reflective Practitioner：How Professionals Think in Action* 一书中认为实践情境充满着不确定性、复杂性、不稳定性等特征，强调 "在行动中认知"（knowing in action）、"在行动中反思"（reflecting in action）和 "对行动做反思"（reflecting on action），要求实践者（社会工作者）不仅对日常实践中遭遇的问题、困难进行及时反思，还要从实践整体上系统地进行反思（舍恩，2007）。舍恩的观点为社会工作者践行行动反思策略并实现专业反思能力提升提供了参照。我国一些学者利用舍恩的观点开展了一系列实践研究，如利用舍恩的框架试验，社会工作者抓住问题解决的关键实践，并放回到特定处境中来反思（郭伟和，2019a），或是社会工作者通过不断参与、内化专业实践的过程培养自我反思性对话能力（郭伟和等，2012）。这些反思行动策略在一定程度上提升了社会工作者专业反思能力，但这些远远不够，还需放到具体的实践情境中，通过社会工作者在不断参与、内化专业实践过程中，形成具有操作意义的实践路径和框架，具体探究限制专业反思能力建立的主要原因、提升专业反思能力的运作逻辑以及建立主要因素等，以此提升社会工作者的专业反思能力。

（二）研究方法

行动研究与舍恩的观点相一致，强调行动与反思紧密关联、知行合一的发展历程（张和清，2015），并致力于实现专业发展、改善工作情境、实现知识生产的目标（麦克尼夫等，2002：15 ~ 16）。因此，研究采用行动研究的方法来提升社会工作者的专业反思能力，主要基于以下三点考量。第一，研究目标与行动研究的契合性。行动研究实施过程中不断经历"计划—行动—观察—反思"（Kemmis et al.，2014），并通过行动反思策略来确认和提升专业实践能力（郭伟和，2014），这与本研究旨在研究"如何在行动中提升社会工作者的专业反思能力"具有高度的契合性。第二，处理实践中复杂的问题。行动研究是以解决问题为导向的合作式协同探索问题的方法（斯特林格，2017），通过建立行动研究团队，共同探寻问题解决之道，能够有效应对社会工作实践场域的复杂性、不确定性、不稳定性。第三，重视专业发展。行动研究扎根于实践场域中，关注实践中的问题解决之道，逐渐提炼实践性知识（Bradbury and Reason，2003），实践性知识提炼的过程不仅能够培养社会工作者的专业反思能力，也能够通过知识提炼，丰富社会工作知识体系，促进社会工作专业发展。

本研究依托于 2020 年 11 月至 2021 年 7 月 S 市禁毒社会工作行动研究项目（以下简称项目）。在研究过程中，具体采用参与式观察法、问卷法和深度访谈法对社会工作者不同阶段专业反思能力情况进行资料收集，包括社会工作者教育背景、参与社会工作服务年限、所在岗位、行动研究实施过程的感受、日常如何反思、专业反思能力的获得情况等。J 区工作站参与行动研究项目的总共有 18 位禁毒社会工作者（后文统称社会工作者），其中 12 位女性、6 位男性，均获得大学本科学历，虽然参与项目的社会工作者大部分没有社会工作专业教育背景，但都取得了"国家助理社会工作师"或"国家社会工作师"资格证，从事禁毒社会工作的时间最短为 1 年，最长的已经 17 年，大部分社会工作者更是伴随本土禁毒社会工作的发展历程，有着丰富的实务工作经验。通过行动研究项目的实施，笔者发现这些社会工作者的专业反思能力都得到不同程度的提升。

三　社会工作者专业反思能力的培养过程

按照行动研究中重视建立平等合作的研究团队、改善现有的实践工作、共同探寻问题解决之道、促进知识生产等，并依据"问题诊断、行动规划、行动规划的推动、评估和总结经验与学习"的步骤开展实践，不断实现"知行合一"实践目标。这里的"知"指社会工作相关专业知识、理论、方法、技能以及相关知识的理解和认识，"行"指社会工作的专业实践与现实问题解决不断碰撞的过程，"知行合一"既是"知"对"行"的理性分析与提升（唐立、费梅苹，2021），又是行动研究中循环往复的实践过程（张和清，2015），能够有意识地、批判地、主动地对专业助人实践过程进行自我检查、自我审视（姚林群，2014），及时发现问题、解决问题，行动与反思密切关联，"知行合一"是实现专业反思能力的关键。在项目运行过程中，社会工作者经历"知行分离—知行磨合—知行合一"，建立专业反思能力。

（一）知行分离：低度的专业反思能力主要表现

行动研究的问题诊断阶段，需明确实务中存在的问题。研究团队在与社会工作者深度访谈日常专业实践基本情况、研讨服务对象面临的问题并制订服务计划时，发现社会工作者虽然知道该如何利用专业解决实际问题，但在处理日常实践工作时，限于自身专业性不足和外部环境压力，经常按照已经形成的工作方式处理问题，其关键在于社会工作者专业反思能力表现度较低，在专业实践中处于"知行分离"的被动状态。

1. 片面的多主体互动：行动主体间的分离

社会工作者所面临的服务对象是发生过社会越轨行为的服务对象，在社区康复社区戒毒过程中，经常被贴上负面标签，造成其沉重的心理和社会压力，社会互动也无法顺畅进行（王杰、洪佩，2018）。社会工作者需要在相关政策法规下，为服务对象营造良好的社会环境，在心理、家庭、社会等方面提供专业助人服务，需多与服务对象、家庭成员、社区工作者、警察、相关政府部门工作人员等多主体进行互动，才能有效实现助人目标。但在项目实施过程中，社会工作者发现多主体互动是一种分离的状态，尤其是对服务对象的认识是片面的。片面的多主体互动，使得社会工作者开展助人工作时，缺少多主体对问题的理解和认识。

在项目开展初期，需要明确服务对象的共性需求研讨时，社会工作者常常按照自己理解和认识的禁毒人员情况，说明服务对象当前需要解决的问题、需求，而事实上并未抓住服务对象真实的问题与需求，在实践过程中也未能调动服务对象参与积极性。（根据项目手册内容改编）

2. 不足的专业应用知识：理论与知识的分离

虽然参与项目的社会工作者大部分经历过社会工作专业培训并取得相关资格证，但开展实践过程中常常呈现对理论知识的掌握和运用不足，具体表现为理论与实践分离的状态。此外，社会工作知识的权威性也影响着社会工作者，知识掌握在专家学者手中，由他们提供给社会工作者（王海洋等，2019），这使得社会工作者开展服务时总会依赖理论或专业认识获得支持，认为这样才能证明服务的完整性、有效性。

> 以往我们在工作计划中总会写我们运用了什么理论，但是后续的内容设计也许和指导理论并不切合，而且理论的内在逻辑我们也一知半解。（SW14 – CY）

社会工作基础性知识不足影响着社会工作者开展助人实践，但事实上社会工作者花费在专业知识学习上的时间、金钱、精力等越来越少，更缺少进入服务对象系统对实践过程的专业反思，从而强化了理论与实践的分离。

> 我们区站能够去总社参加培训的人很少，几乎没有……只是偶尔有一两个社工愿意花钱出去培训，但大部分社工不愿意，也不想花这个钱……平常太忙了，还要照顾家……（SW10 – LWX）

3. 固化的工作模式：制度要求与专业实践的分离

按照相关政策、法规对社会工作者队伍建设提出的要求，社会工作者既需要开展社会工作助人服务，也需要协助处理禁毒康复工作，这给社会工作者带来了繁重的工作压力，表现出一种制度要求与专业实践的分离。在这种分离状态下，工作内容逐渐呈现例行化、程序化特征，逐渐形成了固化的工作模式，社会工作者依赖现有的知识体系、资源、技术方法等，更少愿意主动花费时间、精力进行专业反思。

> 现在帮助服务对象所用的方法，其实很多是"吃老本"，是之前积累下来的经验……感觉自己一直在重复做一件事情，负责固定的工作，

很难有新的想法，感觉对工作的热情也慢慢没有刚刚参加工作那会儿
高了。（SW13 - WF）

（二） 知行磨合：专业反思能力培养的运作逻辑

为解决社会工作者面临的实践问题，试图改善社会工作者"知行分离"
的被动状态，在项目的行动规划阶段，按照行动研究强调"计划—行动—
观察—反思"反复循环的行动过程、组建行动研究团队、重视知识生产等
观点，以及项目实施的要求，经历"知行磨合"过程，推动社会工作者将
行动与反思密切结合起来，提升专业反思能力。

1. 行动研究团队的磨合

行动研究团队的建立，希望团队成员能够以相互平等、资源共享的态
度共同致力于解决当前问题，且贯穿整个行动研究过程。经过访谈，最终
确定社会工作者、督导、服务对象、机构项目负责人、高校研究团队、各
领域专家等人员，共同组成协同合作式的行动研究团队。在项目实施过程
中，社会工作者主要与高校研究团队、服务对象磨合，加深社会工作者对
理论的认识与理解，明确如何为服务对象提供有效服务，在对话交流中促
进专业反思能力的提升。

> 行动研究中社工、高校师生等协同合作的模式，会引发不同观念、
> 理念的碰撞，也能让在基层一线工作的社工与精于理论研究的高校师生
> 取长补短，在交流沟通反思中使各自的专业经验相互渗透。（SW1 - WL）

> （通过这个过程）对服务对象有了很多新的认识，及时掌握服务对
> 象所表达的想法，准确抓住服务对象的问题，并通过所学的专业方法
> 来为服务对象解决问题。（SW2 - XCP）

社会工作者还与禁毒工作人员、心理咨询师等专业人员进行交流、学
习，在全面认识政策法规、获得相关资源、提供有效助人策略等方面获得
支持。行动研究团队的磨合过程，为社会工作者开展专业反思提供了契机。

2. 理论与实践的磨合

社会工作者专业反思能力的提升，离不开理论与实践关系的探讨。在项目实施过程中，社会工作者在与行动研究团队的反复对话交流过程中，及时发现服务计划中理论运用与实践开展不相符合的地方，并做调整以适应实践情境。经历复杂的理论与实践的磨合过程，不仅加深了社会工作者对理论与实践的理解，也逐渐培养了社会工作者的专业反思能力。

> （在服务计划确定过程中）我感觉自己经历了三磨，即磨理念、磨方法、"磨"我们自身的潜能，在反复的打磨、反思过程中，我们不断提升自身素质，也不断积累专业知识。我自己学习到了更多的理论知识和访谈技巧。（SW3 - ZPY）

项目实施过程中还要求社会工作者注意有效经验、方法的及时记录、总结，甚至提炼，完成工作日志，也是理论与实践磨合的关键。

> 及时总结工作中的一些经验、方法，这在工作中真的很有用。这个方法我不仅对项目中的服务对象用到了，发现这个方法有用后，在处理其他服务对象相关问题时，我也会选择用这个方法。（SW1 - WL）

3. 制度规定与专业实践的磨合

社会工作者专业反思能力的建立也需经历制度规定与专业实践不断磨合的过程。项目实施过程中，主要是在现有的制度性结构的安排中，积极探寻社会工作者在禁毒工作中的发展空间，例如，适度减轻制度规定带来的工作压力，调动社会工作者参与积极性，为专业反思能力的提升奠定基础。针对提升社会工作者专业反思能力，提出了一些具体化的要求。

在行动规划阶段，行动研究团队根据服务对象独特性，共同商讨确定了需求评估量表，要求按照量表中涉及的问题进行访谈，并绘制服务对象生命历程图、家庭结构图等。运用相关量表开展访谈，加深社会工作者对服务对象的理解和认识，这也促使社会工作者能够不自觉地回归到服务对象日常生活系统，根据服务对象所提及的需求、问题做出相应的服务计划。

　　　　我这个服务对象其实跟他接触了很长时间，但是经过这次两个多小时的访谈，进一步了解到服务对象的情况，深入服务对象的内心和童年、少年时期的生活细节，加大了评估的信息量，我们的关系也感觉更近了。(SW5 - CDE)

　　项目实施过程中，还要求社会工作者在撰写详细的工作记录，尤其是个案工作记录和小组工作记录时形成文字稿，逐渐培养社会工作者有意识地关注助人实践过程，及时反思服务对象的成长变化、服务方案存在的问题并进行调整等。

　　　　……这次项目中，要求工作记录写成逐字稿，我花了很长时间来写，在写的过程中对服务对象有了更深的认识，逐渐明晰了服务对象存在的问题，这为接下来工作的开展提供了基础，我也更有信心开展工作。(SW5 - CDE)

（三）知行合一：专业反思能力的主要因素

　　社会工作者经历"知行分离"状态，并按照行动研究和项目实施的要求，探讨"知行磨合"的运作逻辑，推动社会工作者培养并建立专业反思能力。到项目后期（主要包括行动规划的推动阶段后期、评估和总结经验与学习阶段），社会工作者开始自觉反思如何为服务对象提供专业且有效的服务、与团队进行有效沟通并充分利用所掌握的资源、不断实现理论知识与实践知识的统合等，基本建立专业反思能力，逐渐实现"知行合一"的实践目标。

1. 日常实践的过程反思

　　社会工作实践场域具有复杂性、不确定性、不稳定性的特点且服务对象面临的问题复杂多元，社会工作者不能仅依靠相对单一且标准的工作模式开展实践。社会工作者需深入服务对象的生活情境，提供适合当前生活情境且符合服务对象发展的方法、策略，要求社会工作者不断在行动中反思、在反思中行动，注重日常专业实践的自我检查、自我审视。

　　日常实践的过程反思是专业反思能力培养的核心，在项目运行中，通过不断地对话交流、撰写文字稿和工作日志等方法策略，社会工作者开始不断反思，主动探寻新知识；与服务对象深入交流、关注真实需求，批判且主动地对专业助人情境进行评价或思考，探讨服务方法的有效性及新可能。由此，社会工作者通过对过程的反思，为专业助人服务创造条件。

> 通过此次活动，我感受到在平时和服务对象交流沟通时，还是应该更多地关注他们的主观感受，感受背后的原因，探索他们内心深处真正的诉求。这样才能真正帮助服务对象，这个过程需要社工不断反思，反思如何与服务对象交流，探索他们真实的想法。（SW2 - XCP）

2. 协同合作的团队反思

行动研究是多主体相互协作的助人过程，通过建立行动研究团队，社会工作者与多主体展开对话，为其专业反思提供了良好的平台、获取更多资源和知识。项目实施过程中，社会工作者通过与督导、服务对象、机构项目负责人、高校研究团队、各领域专家等进行对话交流，评价和思考原有的工作经验、工作模式和当前的实践情境、问题解决策略、专业关系、理论与实践的关系等，将所拥有的资源最大化利用。通过这一过程，社会工作者不仅获得支持、明晰工作方向、扩展工作视野，还不断加深专业认同、专业能力、专业效能、专业自信等方面的理解和认识，基本建立关于团队的专业反思能力。

> 社会工作者在制订小组计划时，充分利用J区街道关于开展禁毒工作相关资源、链接特色区站特色项目等，提升服务对象体验感、参与度等，也积累了有效助人经验。（根据项目手册内容改编）

到项目后期，社会工作者团队内部也逐渐形成了"做中学并反思"的工作模式，并明确如何将所学习理论运用到实践工作中，促进了社会工作者团队整体能力的提升。

> 在实施每一计划前，负责小组的社工会开展小型研讨会，邀请相关人员进行提前演练，尤其是小组活动开展前，从而能够更好地将理

论应用于实践、避免意外情况发生并试图寻找其他备选方面。（根据 SW7 – GGY 讲述整理）

3. 经验提炼的知识反思

行动研究重视在行动过程中将隐性的或默会的知识逐渐彰显，且隐性的知识是强而有力的内在资源（麦克尼夫等，2002）。项目进行到评估和总结经验等阶段，社会工作者在高校研究团队的带领下，回顾助人实践过程，及时总结、归纳并提炼重要的方法、技术、策略，评鉴服务策略的有效性，理清助人服务思路，特别是那些在实践中发挥作用，但常被社会工作者所忽视的经验、方法、技术，不断缩小理论知识与专业实践之间的差距。

> 最后总结提炼的方法主要包括：服务对象共性问题的提炼、小组服务方案的产生、理论如何运用于实践过程中、小组成员积极性的调动、非理性情绪的辩驳、服务对象认知改变后如何进一步强化等。（根据项目手册内容改编）

虽然一些"实践智慧"还未达到知识的标准，但通过经验总结，有效加深了社会工作者对助人实践新的理解和认识，并批判和主动地对专业助人活动过程进行自我审视，也为下一步助人服务的开展提供参考。同时，实践性知识的反思也防止社会工作者再次陷入技术理性的例行化、重复性的"陷阱"中，在实践中寻求新的工作模式，增强专业服务成效。

四　结论与启示

基于 S 市禁毒行动研究项目，发现行动研究能够提升社会工作者专业反思能力，具体通过"计划—行动—观察—反思"反复循环的行动过程、组建行动研究团队、生产实践性知识等，经历"知行分离—知行磨合—知行合一"的实践过程，有力地培养了社会工作者对日常实践过程的反思、实践团队的反思以及实践性知识的反思，且是"知行合一"的反思。这一专业反思能力的提升过程，同样适用于一般社会工作者，关键在于以下三方面。

第一，深入服务对象的生活情境。社会工作强调"人在情境中"，重视服务对象生活情境，探索服务对象真实需求，并在服务对象熟悉的生活情境中开展实践，将服务对象的成长改变与生活情境的变化紧密关联（童敏、周燚，2020）。社会工作者专业反思能力的建立，在深入考察服务对象生活情境的过程中，主动探寻急需解决的问题和需求，自觉反思促进服务对象发生改变的可能性，并在行动过程中不断调整服务计划以有效帮助服务对象。

第二，重视实践性知识，避免技术理性。社会工作者专业反思能力的培养过程，实际上与强调科学技术、实践中选择出最佳且有效的解决问题方法的实证主义认识论不同（何雪松，2005；郭伟和，2019b），其批判诠释主义认识论，重视实践中的对话与辩证过程（王海洋，2017），将抽象理论转变为具体的行动计划，按照理论指引的方向真实地实践出来，并提出关于助人实践的解释说明（麦克尼夫、怀德海，2002），生产适合实践情境且在实践中发挥作用的实践性知识，从而避免陷入技术理性的"陷阱"。

第三，彰显专业优势产生提升动力。中国本土社会工作的发展，需要关注中国特定的制度体系、文化背景等，考察中国本土专业服务的现实处境（童敏、周燚，2020），以适应中国实践情境。面对"十四五"高质量发展的时代要求，中国社会工作需要不断回归社会工作本质，厘清自身专业独特性（童敏、周晓彤，2021）。具备专业反思能力的社会工作者，能够以在行动中反思、在反思中行动的过程，较好地解决和应对理论与实践、制度要求与实践情境等关系，彰显社会工作的专业优势，不断明确社会工作定位。

参考文献

安秋玲，2021，《社会工作者实践性知识的生成过程与存在内容》，《河北学刊》第4期。

蔡屹、何雪松，2012，《社会工作人才的三维能力模型——基于社工机构的质性研究》，《华东理工大学学报》（社会科学版）第4期。

邓锁，2017，《国际社会工作实践研究会议系列宣言》，载王思斌主编《中国社会工作研究》第十五辑，北京：社会科学文献出版社。

范志海、焦志勇、战奕霖，2011，《禁毒社会工作的本土化经验及其反思——以上海为例》,《华东理工大学学报》(社会科学版)第 5 期。

付美珍,2020,《基于岗位能力提升为导向的禁毒社会工作者能力建设——以广州市为例》,《劳动保障世界》第 5 期。

古学斌,2011,《三重能力建设与社会工作教育》,《浙江工商大学学报》第 4 期。

郭伟和,2014,《后专业化时代的社会工作及其借鉴意义》,《社会学研究》第 5 期。

郭伟和,2019a,《中国社会工作专业实践的研究理路——整合结构主义和实用主义、实证知识和实践智慧的本土创新》,《社会工作》第 4 期。

郭伟和,2019b,《专业实践中实证知识和实践逻辑的辩证关系——以循证矫正处境化实践为例》,《社会学研究》第 5 期。

郭伟和、徐明心,2013,《从抗逆力到抵抗:重建西方社会工作实务中的优势视角》,《思想战线》第 5 期。

郭伟和、徐明心、陈涛,2012,《社会工作实践模式:从"证据为本"到反思性对话实践——基于"青红社工"案例的行动研究》,《思想战线》第 3 期。

何雪松,2005,《社会工作的认识论之争:实证主义对社会建构主义》,《华东理工大学学报》(社会科学版)第 1 期。

吉恩·麦克尼夫、杰克·怀德海,2002,《行动研究原理与实作》,朱仲谋译,台北:五南图书出版公司。

吉恩·麦克尼夫、帕梅拉·洛马克斯、杰克·怀德海,2002,《行动研究:生活实践家的研究锦囊》,吴美枝、何礼恩译,台北:涛石文化事业有限公司。

雷杰、黄婉怡,2017,《实用专业主义:广州市家庭综合服务中心社会工作者"专业能力"的界定及其逻辑》,《社会》第 1 期。

卢玮,2019,《社会工作实践中的反思:现状、成效与困境》,《探索》第 6 期。

吕庆,2018,《禁毒社会工作者需要哪些能力"装备"》,《中国社会工作》第 25 期。

欧内斯特·斯特林格,2017,《行动研究:协作型问题借鉴方案》,郭蔚欣译,北京:北京师范大学出版社。

唐立、费梅苹,2021,《结构内化和反思建构:社会工作专业化逻辑的本土审视》,《理论月刊》第 1 期。

唐纳德·舍恩,2007,《反映的实践者——专业工作者如何在行动中思考》,夏林清译,北京:教育科学出版社。

童敏、罗敏敏,2017,《反思、批判和反身性:实现"助人自助"的三种服务逻辑》,载王思斌主编《中国社会工作研究》第十五辑,北京:社会科学文献出版社。

童敏、史天琪,2018,《如何反思:社会工作反思实践的路径和框架》,载王思斌主编《中国社会工作研究》第十七辑,北京:社会科学文献出版社。

童敏、周晓彤，2021，《解决式问题导向思维：中国社会工作高质量发展的路径审视》，《社会工作》第 6 期。

童敏、周燚，2020，《理情还是情理：社会工作理论的"中国框架"及其哲学依据》，《社会科学文摘》第 8 期。

王海洋，2017，《迈向实践范式的社会工作知识观》，《华东理工大学学报》（社会科学版）第 1 期。

王海洋、王芳萍、夏林清，2019，《社会工作实践知识的意涵与发展路径——兼论反映实践取向行动研究路数》，《华东理工大学学报》（社会科学版）第 3 期。

王杰、洪佩，2018，《情感能量与毒品认知：戒毒康复长效机制研究——基于上海同伴教育的经验》，《华东理工大学学报》（社会科学版）第 1 期。

王思斌，2020，《"十四五"期间社会工作应以高质量综合效能型发展为基本遵循》，《中国社会工作》第 31 期。

文军、何威，2014，《从"反理论"到理论自觉：重构社会工作理论与实践的关系》，《社会科学》第 7 期。

徐道稳，2021，《深度职业化：我国社会工作发展的新阶段》，《中国社会工作》第 3 期。

闫薇，2020，《百万社工专业人才的十年成长》，《中国社会工作》第 34 期。

姚林群，2014，《论反思能力及其培养》，《教育研究与实验》第 1 期。

张和清，2015，《知行合一：社会工作行动研究的历程》，《浙江工商大学学报》第 4 期。

张威，2017，《社会工作者的"反思性专业性"与核心职业能力——对"反思性社会工作理论"的解读和思考》，《中国农业大学学报》（社会科学版）第 3 期。

张月、莫关耀，2020，《我国禁毒社会工作文献研究综述——基于 CNKI 文献的 CiteSpace 可视化分析（1998—2018）》，《中国药物滥用防治杂志》第 2 期。

Bradbury，H. and Reason，P. 2003. "Action Research：An Opportunity for Revitalizing Research Purpose and Practices." *Qualitative Social Work* 2（2）：155 – 175.

Kemmis，S.，Mctaggart，R.，and Nixon，R. 2014. *The Action Research Planner：Doing Critical Participatory Action Research*. Deakin University Press.

Vass，A. 1996. *Social Work Competences：Core Knowledge，Values and Skills*. London：SAGE Publications Ltd.

社会工作干预有效性的评估维度

安秋玲　岳　铭　周金辉[*]

摘　要　如何保障社会工作干预的有效性一直是社会工作专业化的重要挑战。结合当前我国社会工作实务项目实施的通用流程，在文献研究的基础上，从干预研究的视角，提出指导与评估干预项目有效性的要素框架，从方案设计、方法使用与过程监控维度厘清考量社会工作干预有效性的具体要素，这将有利于指导、保障和评估社会工作实践服务的专业性。

关键词　社会工作干预　有效性　评估　保真度

社会工作实践的核心旨趣目标是产生积极的改变。为此，在社会工作实践中，干预或介入服务一直是社会工作实践的重要内容。以社会工作硕士学位论文为例，在中国知网的优秀硕士学位论文全文数据库中搜索"社会工作"＋"介入"／"干预"／"服务"（主题：["社会工作 and 介入" or "社会工作 and 干预" Date：2009－2019]），共得社会工作硕士学位论文数量为5310篇，而检索主题"社会工作"得到论文数量为9556篇；在社会工作硕士学位论文中，干预类文章占比约为56%，且自2011年迅速增

────────────────

[*]　安秋玲，华东师范大学社会工作系副教授，研究方向为社会工作专业化、精神健康社会工作、社会工作干预研究；岳铭，上海海洋大学食品学院辅导员，研究方向为社会工作干预研究；周金辉，华东师范大学社会工作专业硕士，研究方向为社会工作干预研究。

长，逐渐稳定在 65% 左右。说明干预类研究正成为社会工作硕士研究方向的主流，见图 1。

图 1　2009 ~ 2019 年社会工作硕士干预研究论文数量与论文总量对比

但对这类干预主题的论文深入分析，发现论文选题扎堆于以 ××× 方法介入或（干预）××× 的研究；很多人产生"没有介入就不是社会工作论文"的观点（史柏年、吴世友，2016），很多实务效果评估主观性强，以描述性类型说明工作量，以服务对象的满意度评估作为服务开展有效的标准，对专业的社会工作研究来说，相差甚远（史柏年、吴世友，2016）；"方案设计上，延续了小组方案设计的思路和方法，缺乏针对性和深入性。虽然服务对象各有不同，但是方案设计上较为相似"（岳铭，2019）；更为严重的是"简单的小组真的能改变服务对象（的问题）吗""这种改变是社会工作服务引起的还是其他因素导致的"也渐渐成为对社会工作硕士干预研究论文的普遍质疑。这些问题如果得不到很好的回应，不仅会动摇社会工作专业性的根基，也会影响到社会工作专业学生对专业的成就感和认同感，因此需要思考社会工作干预有效性的评估维度，以对当前社会工作实践进行指导与评估。

一　干预研究的兴起与界定

在社会工作中，社会工作者基于利他主义价值观开展的实践是一种有目的的干预行动（王思斌，2014）。干预（intervention），又称介入，虽然它在社会工作中被广泛提及，但直到 1997 年，干预才首次以社会工作专业的语言被界定，即由社会工作者或其协助者与案主或其他受影响方联合采取的行动，目的是增加或维持个人、家庭、群体、社区或人口的功能和福利（Schilling，1997）。干预强调案主在干预措施的设计、开展、实施中是作为合作者而非参与者的角色（Pinto & Park，2019）。

　　干预研究源于对社会工作者开展的服务是否有效的质疑。受起源于医学领域的循证实践的影响，为回应这些对社会工作服务有效性的质疑，社会工作者便尝试将服务的每个步骤以更清晰和科学的方式呈现，强调除非有控制组作为参照，否则很难判定一组人是否因真实的服务而发生改变（Ginsberg，2005）。为了解释和描述社会工作服务的效果是如何得到的，打破"黑箱"的困局，学者对干预进行了更为系统和深入的研究，并且越来越多的人开始建构基于实践经验的社会工作干预模式。但干预研究和实务研究关系密切，很难区分，因此有研究者基于已有的社会实践研究类型，对 1993～1997 年的 12 本期刊中的 1849 篇文章进行系统综述分析，以进一步解释何种研究可被归类为干预研究（Rosen，1996；Rosen et al.，1999），见表 1。

表 1　社会工作实践研究的类型说明

类型	说明	目标	应用
描述性	研究单个变量的中心趋势和分布特征的研究，或对两个或更多样本进行比较	旨在概念化或描述变量特点与分布	有助于实践者形成社会工作目标，对政策和服务提供基础，帮助实践者评估和分类问题与人群
解释性（报告）	说明两个或更多变量之间相互关系（无论是否为因果关系）	解释动力、影响因素与结果等	有助于实践者理解现象与关注点；引导实践者对影响因素敏感警觉，有助于实践者判断是否需要进行干预以及预测可能出现的结果
控制性	通过单一系统研究设计、临床对照实验设计的研究等呈现因果关系	确认干预措施必须针对案主的结果或与案主相关的结果	有助于增加实践者控制某种现象或相关问题发展变化的能力，帮助实践者实现目标

　　描述性的研究说明现实中服务对象可能会出现的问题或需求的类别，从而可以帮助不同领域的社会工作实践者理解现实中案主的潜在需求有哪

些。解释性的研究说明某一领域或区域内的案主需要哪些服务，实践者应遵循相关服务在设计执行及评估中的程序。控制性的研究指导社会工作实践者确定预期目标并选择相关方法实施干预措施。干预研究均包含了这三种研究类型的特点，且与实务研究相比更加强调"控制性"。

目前至少有五种研究可被归入干预研究范畴：以制定干预措施为目的，尝试解释问题现象的研究；对助人过程的研究；观察案主在社会工作者介入后以及更长时间变化的纵向研究；系统设计与开发干预措施的研究；测试在机构、服务场所和社区环境中的临床或社会变革策略的全面实验研究（Thomas，1984）。Fraser 等设置了一套干预研究的最低标准，用来帮助确定社会工作文献中哪些研究是干预研究，标准包括：明确规定干预措施；干预至少有一组前后测设计；明确说明了结果（而非输出）；对行为变化结果进行评估；比较前后测指标变化的差异程度；研究以理论为指导（Fraser et al.，1995）。总之，干预研究通过循证方式对干预性投入和预期结果之间关系进行明确预测（Rosen et al.，1999）。

二　干预研究的有效性概念

在社会工作干预中，尤其要强调坚持有效性的标准，并以此指导开展干预活动。什么是干预的有效性？在不同领域，有效性的概念与各专业领域学科特点紧密关联。在社会工作领域内，与干预研究相关的"有效性"词语有四个：efficacy、effectiveness、efficacious、effective。efficacy 与 effectiveness，侧重于使用科学方法并评估环境是否得到严格控制，从而最大限度地排除干扰因素，确保干预结果是由干预措施导致的（Fraser et al.，1995）。不同的是，efficacy（功效）指在标准状况下开展的小范围的干预测试，而 effectiveness（效果）则是在较为复杂和真实的环境中开展的干预实验，一些大型的干预项目为了避免无效带来的资源浪费，基于责任意识，一般先进行有效（efficacy）试验，若测试得到好的效果，才会推广有效性（effectiveness）试验，efficacious 和 effective 则指干预取得了好的效果，侧重于说明干预开展后服务对象产生了显著的、积极的改变，并且 effective 比 efficacious 表达的含义更为深入，还指干预带来的改变具有影响性。在国外的干预研究中，这四个词语有递进的含义，即 efficacy < effectiveness < efficacious < effective。由此可见，讨论干预研究的有效性是一个不断递进的过程控制。只有在干预过程中的现实环境被研究者严格控制，从而才能在最大限度上说明干预结果的有效性是由干预措施得到的结果。总结果的评估公式可以帮助我们更好理解有效性：

总结果 = 干预效果（净效果）+ 其他过程的结果（无关干扰因素）+ 设计效果

为了能提前检验一项干预是否具有可推广性，预防研究协会证据标准委员会（Society for Prevention Research，Standard of Evidence Committee，以下简称 SPR）在 2005 年制定了对可推广干预项目的实施标准，2015 年又进行了修订。初始标准的制定较为松散，借鉴了已有干预研究中保障有效性的设计要求，如统计有效性、研究方法有效性、抽样有效性（Flay et al.，2005）。而修改后较为全面和严格，在实践中进行有效性干预，更强调研究者如何培训实践者从而保证干预的开展是可控的。具体来说，SPR 将有效性分为两个步骤。首先，干预需要进行两次以上的功效（efficacy）实验，并且需要符合标准：设定特定的抽样人群，使用心理测量和数据收集程序；用严格的统计分析方法分析他们的数据，表现出一致的效果，至少报告一次重要的长期随访（Flay et al.，2005）。功效实验强调在高标准的环境中干预方案和研究方法设计是否真的有效。其次，效果（effectiveness）实验。效果实验除需要符合干预描述、普遍性、抽样组成、干预测试、结果测量、有效性要求、为扩大研究提供信息这 7 个维度的不同标准外，还需要满足现实中对过程检测的控制标准（Biglan et al.，2015）。虽然 SPR 这些标准的制定为大型干预项目的开展提供了指导意义，但同时被认为标准过于严苛，实际上很少有项目可以达到该标准。

不论是阶段性试验还是直接实践下的干预研究，干预研究的有效性体现在这三个维度：干预方案的设计、研究方法的使用与严格的过程监控。下面将介绍这三个维度所包含的具体内容。

三　干预研究有效性的评估维度

若说明干预的有效性得到了很好的控制，则需要借助评估。干预研究是创造性过程与评估性过程的结合，而在呈现上则表现为既要描述干预服务的具体细节，又要评估干预服务的效果（effectiveness）（Li and Fraser，2015）。罗西等认为干预研究得到的效果，是受干预效果、设计效果与干预实施过程效果共同影响的（顾东辉，2009）。上文提到的 SPR 的维度也被包含在这三方面中。因此，在干预研究开展中，研究者若想要使最后得到的效果最大限度上是由干预的净效果带来的，则需要保障干预方案的有效性、干预设计的有效性并控制干预措施实施过程中其他无关因素的影响。

（一）干预方案设计的有效性

干预研究与评估研究最大的不同在于它尤其强调干预方案的设计和开发（Rosen et al.，1985）。干预方案的设计强调对证据的使用，如图 2 中基于元分析和对多个随机对照实验的系统综述，可以为干预措施制定提供最可靠的证据来源。

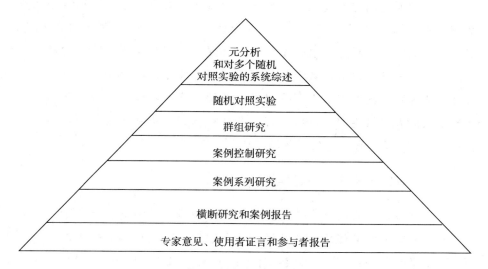

图 2　证据级别的强度

在干预研究的项目设计和实施中，为了保障干预方案的有效性，需要有基于证据而开发的干预手册。干预手册是整个干预研究的重要组成部分，干预手册制定于干预开展之初，指导干预活动的开展。强调对干预手册的开发已经成为干预研究一个重要的领域（Baileydempsey and Reid，1996）。根据干预方法和实施的具体程度，手册可以采用各种不同形式和详细程度（Fraser and Galinsky，2010）。干预手册被视为整个干预项目开展的核心要素，由于干预手册可以为干预的每一步提供清晰的说明，对干预手册制定程序的研究也较多，本文以三阶段干预手册开发模型（Rosen et al.，1985）为例进行阐述，见图 3。

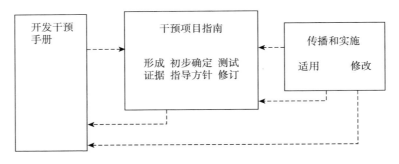

图 3 干预手册开发模式

干预手册的制定也被视为一个循环的模式。首先，依据干预项目指南和研究者的构思进行干预设计、研究设计，形成初步的干预手册和方案。其次，在实践中，研究者通过干预手册开展干预或培训实践者，保障干预实施具有一致性。再次，若干预在不同环境下实施，则会结合不同环境或文化中服务对象的特点对干预手册进行改编，为在不同文化背景下运用该手册的实践者提供说明。最后，研究者会将不同文化和实践下的手册进行汇编，组成较为全面和系统的干预手册。

（二）研究方法使用的科学性

干预研究中，研究设计可以被用来描述和组织评估的各个方面，是对社会科学研究方法的使用，如抽样和招募程序、不同控制条件下的组别数量（如实验组、对照组）、群组条件分配方式（如随机分组）、评估干预过程和结果的测量方法（Ttofi and Farrington，2011）。对这些具体的方法进行归类，可以分为测量、实验设计和统计设计三个方面。

在测量上，对来源清晰、信效度准确的评估工具进行检验是极为重要的，这与社会工作为弱势群体服务的使命有关（Robin and Kelsey，2014）。在选择评估工具时要注意由于国家间的社会背景差异，需选择适用于当地文化背景下的评估工具，以确保相关性和适用性（Strydom and Schiller，2019）。量表的填写者也会影响量表数据的真实性，并注意设置反向检验，从而确认填写者的态度（Kirk et al.，2005）。

在实验设计上，随机分配实验在美国被广泛用于测试新的社会干预措施是否有效。人们普遍认为这种实验采用随机分配将受试者分配给治疗组和对照组，是评估项目效果准确和公正的最佳方式（Riccio and Bloom，2002）。1990 年后，社会工作领域的系统综述的审查扩大了研究范围，增加了多种实验设计的类型，从而能够进一步分析结果是否与设计类型有关，包括实验设计、准实验设计、单一系统设计等，而具有最显著效果的则是使用实验设计和准实验设计的研究（Heiwe et al.，2013），说明干预研究中更加重视实验设计。

在统计设计上，Ham 等对 2009～2013 年 6 种核心期刊上共 1380 篇文章进行系统综述，有 52 项研究符合纳入标准，研究显示：多元方差分析是最常用的变化统计数据，而在测量干预的影响方面，科恩系数 d 运用最多（Ham et al.，2015）。Smeeton 和 Goda 介绍了社会工作干预可以选择使用的一些统计指标，包括方差分析、多元方差分析、协变量分析、层次线性模型、配对样本 t 检验和效应量等，他们建议社会工作者在选择统计工具时可以多样化，根据样本和设计选择统计方法（Smeeton and Goda，2003）。干预的开展具有时效性，干预带来的积极改变也可能随时间消失，因此对服务对象进行定时的测量和干预有助于巩固干预的成效（Herman and Mandiberg，2010）。由于干预研究对研究者的统计方法有更高的要求，因此可采用与统计学者合作的模式来弥补社会工作者在这方面的不足。

（三）研究过程监控的保真度

干预保真度（intervention fidelity），又称治疗保真度（treatment fidelity），是为保障和增强干预开展的准确性和一致性而实施的策略，以确保干预按计划实施（Maynard et al.，2013）。国外干预研究中，干预保真度越来越受到重视，被认为是多学科联合干预研究的重要组成部分（Gearing et al.，2011）。干预保真度是对干预过程进行监控的所有有效方式的统称，保障干预保真度有助于提高干预研究的有效性和完整性，帮助研究者更加理解服务群体需求。保真度越高，越可以说明干预实施中加强了对过程的控制，这对于任何干预研究的可复制性和普遍性而言都是至关重要的（Borrelli et al.，2005）。同时，干预保真度将会直接影响干预统计结果的完整性

（Moncher and Prinz，1991）。随着对干预保真度研究的深入，已有研究建议保真度需转化为精确的测量数据（Feely et al.，2018）。

目前，对社会工作干预保真度标准的最新研究是 Corley 和 Kim（2016）回顾了 6 种社会工作核心期刊中 380 篇有关社会工作干预研究的文章，借鉴已发表文章中社会工作干预保真度的标准（Moncher and Prinz，1991；Tucker and Blythe，2008），形成了 11 项筛查的标准；在此基础上又经过比对、分析和筛选，剔除了目前研究中保真度较少使用的要素，最后保留了 8 项标准作为社会工作干预保真度标准，见表 2。

表 2 干预保真度标准

原始标准	最后标准
（1）干预措施经过了预先测试	（1）是否进行预测试
（2）提到了伦理	（2）是否提及伦理
（3）提到了治疗手册/方案	（3）是否使用手册或方案
（4）注意到治疗手册/方案的使用	（4）是否提供从业者培训
（5）提到培训和监督	（5）是否提供从业者监督
（6）部分/全部说明了干预措施	（6）是否说明干预措施与具体细节描述
（7）提到了对治疗实施一致性的任何考虑	（7）是否提及保真度一词
（8）是否使用了实际的长期治疗/干预保真度	（8）是否报告保真度受到监控
（9）讨论了治疗保真度的原则，但没有实际使用该术语	
（10）制定了提高治疗保真度的战略	
（11）定量评估或不评估治疗保真度	

预测试是指在干预实施前应先行试点测试从而对干预措施的适用性进行调整。社会工作研究人员用小部分的样本来预测干预，以确保干预适合他们的研究。社会工作干预措施通常是为"弱势"人群设计的，目的应该是"维护个人的尊严、价值和独特性"（Tucker and Blythe，2008）。伦理则是认为社会工作者应该具备专业的伦理价值。不同国家的伦理手册标准，详细规定了社会工作者应遵守的原则。手册与干预措施相关，干预措施的初步构建和一套初步实施指南是设计活动的预期结果（Baileydempsey and Reid，1996）。从业者培训和从业者监督是指，在过程中应该对干预实施者进行培训和监督，应提供详细的培训和监督背景（Hall et al.，2009），干预

培训应辅以持续监督，以确保治疗的一致性。当实践者在实施过程中得到定期反馈、支持和鼓励时，干预可能会更成功（Bellg et al.，2004）。在现实的环境中，则会面临各种各样不确定因素的影响。干预保真度不仅对理解干预和产出是否相关至关重要，而且对解释干预影响有重要意义。

四　我国干预研究的发展与有效性提升

目前我国社会工作领域中的干预研究尚处于探索阶段。在中国知网数据库、万方数据库、维普数据库中检索主题"社会工作干预研究""社会工作干预"，共有 30 篇文献。基于这些文献，我们发现自 2016 年起，我国社会工作领域的专家学者开始倡导重视干预研究。研究者意识到虽然目前社会工作实务和教育迅速发展，但缺乏科学性，尤其对干预研究的认识不足，处于发展的初级阶段（文军，2018），因此倡导中国应该开展更多的干预研究（史柏年、吴世友，2016）。在实践领域内，国际合作干预研究项目——"做出选择"为我国干预研究定量分析提供借鉴（吴帆等，2016）。本土开发的项目也不断涌现，如用资产建设的理论设计并实施的针对上海市低保家庭的干预研究（吴世友等，2016）；针对机构老年人脑健康进行的干预研究（梁瑞佳、安秋玲，2018）；对北京外来务工子女群体的资产建设进行的研究（朱晓、曾育彪，2016）；等等。

但因整体上国内的干预研究发展不充分，尚未明确提出开展干预研究应有哪些标准，也未尝对具体问题进行深入的分析，恰如研究者指出的那样，很多干预效果评估主观性强。以描述性类型说明干预实践工作量，以服务对象的满意度评估作为服务开展有效的标准，对专业的社会工作干预研究来说，相差甚远（史柏年、吴世友，2016）。针对干预的有效性研究，必须以科学方法为开展服务前提（齐铱，2017）。尤其体现在评估中，对干预的评估应纵贯整个服务的全过程，因此社会工作者要保持警惕，应该借助不同的工具采用有效的方式，完整执行评估工作（何国良，2017）。虽现实中各种因素交织，大型的干预项目中有效性评估面临挑战，但社会工作者不能因为现实开展中评估的难度，而降低自身要求，为了达到好的结果而偏离社会工作者的责任价值。如果有意夸大项目产生的影响，那么更多社会工作者就会以目标和成果为项目导向，而不注重干预开展的真实性，后果则不堪设想（方劲，2017）。

引入干预研究，借鉴国外干预研究有效性的保障维度，提升国内当前的社会工作干预项目的有效性，需要做到以下几个方面。①问题导向。干预研究是为了改变，因为研究问题需要确认。这既需要透过现象看到问题，同时也需要借助问题风险链的分析明确问题风险链中的本质问题和核心问题。②确定干预的中介变量。干预强调通过研究设计去改变影响问题的中介变量，通过改变能够改变的中介变量去进一步实现问题解决的目标。明确中介变量，不仅保障了干预目标的可操作性，也保障了干预活动实施的可操作性。③强调干预过程。干预设计和开发是一个在很大程度上归纳的试错过程，过程中有效的实施才能保障结果的有效。正视干预实务开展的目的，是为一般实务提供证据，有效的结果为推广增强说服力，无效的结果则可以避免实务者走弯路，这二者均具有意义。④建立干预研究的合作模式。干预研究的开发是一个三到五年的过程，只有基于多学科的团队合作才能更好地推进干预。⑤加强干预研究的学习。我国的干预研究在理论和规范上都较为欠缺，因此，基于课程开展干预研究的教学，如干预方案和干预手册、干预保真度等，有利于增加知识基础，保障干预有效性。

参考文献

方劲，2017，《发展干预项目的有效性评估：功能定位与操作难题》，《中国农业大学学报》（社会科学版）第 4 期。

顾东辉，2009，《社会工作评估》，北京：高等教育出版社。

何国良，2017，《久违的实践研究：创造社会工作学的路向》，载王思斌主编《中国社会工作研究》第十五辑，北京：社会科学文献出版社。

梁瑞佳、安秋玲，2018，《机构老年人脑衰老焦虑状况的干预研究——以上海 D、M 福利院健脑操项目为例》，《社会工作与管理》第 5 期。

Ginsberg，Leon H.，2005，《社会工作评估——原理与方法》，黄晨熹译，上海：华东理工大学出版社。

马克·W. 弗雷泽、杰克·M. 里奇曼、梅达·J. 林斯基、史蒂文·H. 戴，2018，《干预研究——如何开发社会项目》，安秋玲译，上海：上海教育出版社。

齐铱，2017，《主持人语循证理念和方法：中国社会工作科学化和专业化发展的助推器》，《社会建设》第 4 期。

史柏年、吴世友，2016，《主持人语中国社会工作需要开展更多的干预研究》，《社会建设》第 6 期。

王思斌，2014，《社会工作概论》（第三版），北京：高等教育出版社。

文军，2018，《社会工作干预研究》，《社会工作与管理》第 5 期。

吴帆、郭申阳、马克·弗雷泽，2016，《社会工作服务介入儿童行为发展效果评估的实证研究》，《社会建设》第 6 期。

吴世友、朱眉华、苑玮烨，2016，《资产为本的干预项目与社会工作实务研究设计——基于上海市 G 机构的一项扶贫项目的试验性研究》，《社会建设》第 3 期。

岳铭，2019，《评估社会工作干预服务的有效性》，硕士学位论文，华东师范大学。

朱晓、曾育彪，2016，《资产社会政策在中国实验的启示——以一项针对北京外来务工子女的资产建设项目为例》，《社会建设》第 6 期。

Baileydempsey, C. and Reid, W. J. 1996. "Intervention Design and Development: A Case Study." *Research on Social Work Practice* 6 (2): 208 – 228.

Bellg, A. J., Borrelli, B., Resnick, B., Hecht, J., Minicucci, D. S., and Ory, M., et al. 2004. "Enhancing Treatment Fidelity in Health Behavior Change Studies: Best Practices and Recommendations from the NIH Behavior Change Consortium." *Health Psychology* 23 (5): 443 – 451.

Biglan, A., Flay, B. R., and Wagenaar, A. C. 2015. "Commentary on the 2015 spr Standards of Evidence." *Prevention Science* 16 (7): 927 – 932.

Borrelli, B., Sepinwall, D., Ernst, D., Bellg, A. J., Czajkowski, S., and Breger, R., et al. 2005. "A new Tool to Assess Treatment Fidelity and Evaluation of Treatment Fidelity across 10 Years of Health Behavior Research." *Journal of Consulting and Clinical Psychology* 73 (5): 852 – 860.

Corley, N. A. and Kim, I. 2016. "An Assessment of Intervention Fidelity in Published Social Work Intervention Research Studies." *Research on Social Work Practice* 26 (1): 53 – 60.

Feely, M., Seay, K. D., Lanier, P., Auslander, W., and Kohl, P. L. 2018. "Measuring Fidelity in Research Studies: A Field Guide to Developing a Comprehensive Fidelity Measurement System." *Child and Adolescent Social Work Journal* 35 (2): 139 – 152.

Flay, B. R., Biglan, A., Boruch, R. F., Castro, F. G., Gottfredson, D., and Kellam, S. et al. 2005. "Standards of Evidence: Criteria for Efficacy, Effectiveness and Dissemination." *Prevention Science* 6 (3): 151 – 175.

Fraser, M. W. and Galinsky, M. J. 2010. "Steps in Intervention Research: Designing and Developing Social Programs." *Research on Social Work Practice* 20 (5): 459 – 466.

Fraser, M. W. , Richman, J. M. , Galinsky, M. J. , and Day, A. S. H. 1995. "Intervention Research. " *Netherlands Journal of Medicine* 47 （2）: 87 – 92.

Gearing, R. E. , El-Bassel, N. , Ghesquiere, A. , Baldwin, S. , Gillies, J. , and Ngeow, E. 2011. "Major Ingredients of Fidelity: A Review and Scientific Guide to Improving Quality of Intervention Research Implementation. " *Clinical Psychology Review* 31 （1）: 79 – 88.

Hall, J. A. , Vaughan Sarrazin, M. S. , Huber, D. L. , Vaughn, T. , Block, R. I. , and Reedy, A. R. et al. 2009. "Iowa Case Management for Rural Drug Abuse. " *Research on Social Work Practice* 19 （4）: 407 – 422.

Ham, A. D. , Huggins-Hoyt, K. Y. , and Pettus, J. 2015. "Assessing Statistical Change Indices in Selected Social Work Intervention Research Studies. " *Research on Social Work Practice* 26 （1）: 44 – 52.

Heiwe, S. , Johansson, E. , Nilssonkajermo, K. , Karin Säflund, and Ann Ödlund Olin. 2013. "Outcomes of a Multiprofessional Educational Intervention in Evidence-based Practice. " *Journal of Research in Interprofessional Practice & Education* 3 （2）: 1 – 11.

Herman, D. B. and Mandiberg, J. M. 2010. "Critical Time Intervention: Model Description and Implications for the Significance of Timing in Social Work Interventions. " *Research on Social Work Practice* 20 （5）: 502 – 508.

Kirk, R. S. , Kim, M. M. , and Griffith, D. P. 2005. "Advances in the Reliability and Validity of the North Carolina Family Assessment Scale. " *Journal of Human Behavior in the Social Environment* 11 （3 – 4）: 157 – 176.

Li, J. and Fraser, M. W. 2015. "Evaluating Dosage Effects in a Social-emotional Skills Training Program for Children: An Application of Generalized Propensity Scores. " *Journal of Social Service Research* 42 （3）: 345 – 364.

Maynard, B. R. , Peters, K. E. , Vaughn, M. G. , and Sarteschi, C. M. 2013. "Fidelity in After-school Program Intervention Research: A Systematic Review. " *Research on Social Work Practice* 23 （6）: 613 – 623.

Moncher, F. J. and Prinz, R. J. 1991. "Treatment Fidelity in Outcome Studies. " *Clinical Psychology Review* 11 （3）: 247 – 266.

Riccio, J. A. and Bloom, H. S. 2002. "Extending the Reach of Randomized Social Experiments: New Directions in Evaluations of American Welfare-to-work and Employment Initiatives. " *Journal of the Royal Statistical Society* 165 （1）: 13 – 30.

Robin, P. Bonifas and Kelsey, Simons. 2014. "An Examination of the Factor Structure of the

Hartford Geriatric Social Work Competency Scale-ii Assessment and Intervention Subscales. " *Eprint Arxiv* 40 (9): 700 – 712.

Pinto, Rogério M. and Park, S. E. 2019. " De-Implementation of Evidence-Based Interventions: Implications for Organizational and Managerial Research. " *Human Service Organizations: Management, Leadership and Governance* 43 (4): 336 – 343.

Rosen, A. , Proctor, E. K. , and Livne, S. 1985. " Planning and Direct Practice. " *Social Service Review* 59 (2): 161 – 177.

Rosen, A. , Proctor, E. K. , and Staudt, M. M. 1999. "Social Work Research and the Quest for Effective Practice. " *Social Work Research* 23 (1): 4 – 14.

Rosen, A. 1996. " The Scientific Practitioner Revisited: Some Obstacles and Prerequisites for Fuller Implementation in Practice. " *Social Work Research* 30 (2): 105 – 111.

Schilling, R. F. 1997. " Developing Intervention Research Programs in Social Work. " *Social Work Research* 21 (3): 173 – 180.

Smeeton, N. and Goda, D. 2003. " Conducting and Presenting Social Work Research: Some Basic Statistical Considerations. " *British Journal of Social Work* 33 (4): 567 – 573.

Strydom, M. and Schiller U. 2019. " The Transferability of Family Assessment Tools Between Countries: Reflections on the Intervention Research Approach. " *Child Abuse Review* 28 (4): 287 – 298.

Thomas, E. J. 1984. *Designing Interventions for the Helping Professions.* Beverly Hills, CA Sage.

Ttofi, M. M. and Farrington, D. P. 2011. " Effectiveness of School-based Programs to Reduce Bullying: A Systematic and Meta-analytic Review. " *Journal of Experimental Criminology* 7 (1): 27 – 56.

Tucker, A. R. and Blythe, B. 2008. " Attention to Treatment Fidelity in Social Work Outcomes: A Review of the Literature from the 1990s. " *Social Work Research* 32 (3): 185 – 190.

三全育人视域下的优秀大学生成长的叙事研究

——以上海 S 大学为例

朱　艳*

摘　要　近年来优秀大学生作为高校教育人才培养的重要依据而备受关注。本研究在三全育人理念的指引下，以生命历程理论为基础探讨优秀大学生成功成才的路径。研究发现，在优秀大学生的成长历程中，全过程育人的理念贯穿整个大学阶段，在每个阶段均形成了一定的成长主题。围绕这一主题，他们在学生团体、学科竞赛、实践实习、本硕时空连接等育人平台的协同作用下，在优秀学长、专业导师、辅导员、内群体朋辈等重要人物的影响下完成了每一阶段的主题，并成为大学生的示范榜样。这些优秀大学生自身及其家庭等初始累积优势与现有时空中累积的优势形成了育人合力，促成了他们的成长成才。

关键词　三全育人　优秀大学生　叙事研究

一　问题的提出

习近平总书记提出，建设一流大学，关键是要不断提高人才培养质量，

---

* 朱艳，上海大学心理辅导中心讲师，博士，研究方向为青少年与家庭社会工作。

要坚持把立德树人作为根本任务，着力培养担当民族复兴大任的时代新人。基于这一教育目标，"三全育人"的教育理念体现了高等教育立德树人的内在要求，顺应了当代人才培养的发展趋势（梁伟等，2020）。作为上海市首批高水平地方高校建设试点和教育部一流学科建设高校，上海 S 大学积极探索三全育人的长效协作机制，推动构建三全育人的人才培养格局。目前有关三全育人理念的研究以理论探讨为主，三全育人的理念如何与高校人才培养实践相结合这一主题鲜有来自大学生群体的资料支撑。本研究尝试结合上海 S 大学人才培养的教育实践，以三全育人的思想为指引，关注优秀大学生成功成才的轨迹，试图从全员育人、全过程育人、全方位育人的角度考察哪些因素影响了这一过程。

目前针对优秀大学生群体的相关研究主要聚焦这一群体的成长路径特征、精神品质以及心理特点等。研究发现这一群体的成才除了自身突出的品质外，也需要良好的组织环境（陈冉、任少伟，2019；赵磊，2018；龚小虹、刘燊，2016；王丽，2016）。但目前的研究主要局限在对现象的描绘，缺乏对这一群体动态性的跟踪与深入讨论。对于优秀大学生而言，大学是其人生发展路径的重要转折，个体、家庭、学校、社会等要素嵌入了他们的生命历程，并形塑着他们的生命轨迹。优秀大学生的成功成才之路是一个多方参与、时空交互、优势累积的过程，这与全员育人理念所强调的协同性、系统性和时间性具有一定的相似性。因此，本研究将尝试运用叙事研究的方法，描绘优秀大学生大学阶段的生命轨迹，关注他们成功成才的生命转换与走向，积极探索高校人才培养的路径。

二　研究方法

本研究采用叙事研究的方法，探讨上海 S 大学优秀大学生成功成才的生命历程与影响其生命轨迹的重要因素。叙事研究（narrative inquiry）是一种质性研究的方法，艾米娅·利布里奇等认为"叙事"是人类基本的生存方式和表达方式，故事给个人经历提供了一致性和连续性，并在我们与别人交流的过程中扮演着核心角色（利布里奇等，2008）。在叙事研究中，研究者与叙说者以一种互为主体的方式相互涉入，通过收集和讲述生命故事获得解释性理解。优秀大学生是在日常生活中不断历练和成长起来的，他们在讲述自己成长历程时传递了个人的主观经验和感受；研究者走进优秀大学生的生活，对叙说者的生命故事进行诠释与理解，试图探究其成功成才的关键因素。

每一年，上海 S 大学都会在学生中进行校长奖学金的评选，获奖者是德智体美劳全面发展，综合素质最为优秀的同学；或在某一方面具有突出特长或贡献，其他方面比较优秀的同学，他们是优秀大学生的杰出代表。为了便于研究的开展，本研究中将校长奖学金获得者作为优秀大学生群体。在选择研究对象时，本研究采用目的抽样的方法，选取了 15 位 2020 年校长奖学金获得者作为访谈对象，访谈对象的基本资料见表 1。本研究对访谈录音资料进行了整理，按主题分类，对转录文本资料进行编码与分析。

表 1　访谈对象的基本资料

序号	编号	性别	专业	籍贯
1	YD	女	人文类	上海
2	RP	女	经管类	江苏
3	LX	女	理工类	河南
4	PB	男	理工类	河南
5	SZ	男	理工类	安徽
6	QJ	男	理工类	上海
7	YS	男	经管类	江西
8	WS	男	理工类	上海
9	CY	男	理工类	上海
10	YJ	女	艺术类	上海
11	WW	女	人文类	河南
12	RY	女	理工类	江西
13	HW	女	理工类	安徽
14	LR	女	经管类	上海
15	QB	女	人文类	浙江

三　优秀大学生生命历程的累积优势分析

生命历程理论认为个体的生命轨迹嵌入一定的时间与所经历的事件中，同时也被这些时间和事件影响（埃尔德，2002）。其中，个体所经历的关键事件更能够影响和改变其生命历程轨迹。同时，个体生活中所经历的生命事件之间是相互关联的，过去的经历是未来的基础，并需要依赖现在和将来的事件得以维持与延续。这与三全育人的思想不谋而合，大学生的成长之路是一个不断累积、多方参与的过程。生命历程理论中的累积机制提供了考察个体生命历程的转变和连续的一个视角，而三全育人理念的全员、全方位、全程等核心思想中也孕育着累积的概念，正是在这些要素的时间线索下，这些学生成为大学生的卓越代表。

（一）初始累积优势

累积机制是生命历程理论中的重要概念，体现了个体生命历程发展的时间性特点。在上海大学优秀大学生的成长轨迹中，累积优势包括初始累积优势和事件性累积优势（张翠娥、王杰，2017）。初始累积优势指在进入大学之前就具备的优势，这一优势一直延续并影响着他们的成长和成才。本研究发现，优秀大学生初始累积优势包括个体特征和家庭特征两部分。

1. 个体特征

回溯这 15 位优秀大学生的大学生命历程，本研究发现他们身上所具备的一些个体特征在面对大学生活的转变和发展中有着重要的推动作用。

（1）积极主动

研究者在访谈中发现这些大学生在面对大学生活时，善于主动出击，把握机遇、寻找资源。个案 CY 是一个积极主动的人，较早地投入大学的学习中。他利用高考后的暑假自学了高等数学和英语，为进入大学做好准备。"就想着进入大学后能铆足劲地直接投入学习，准备比较充分。"个案 RY 进入专业学院时，一次偶然的机会了解到某位老师所研究的领域是自己一直感兴趣的方向，和很多同学一样也曾担心自己的专业知识储备不够，经过考虑她还是鼓起勇气，抱着试一试的态度主动联系了老师，结果很顺利地进入了课题组，开启了科研之路。"虽然也有很多同学想去课题组，但是好像没有那个勇气去跟老师交流，我可能比较幸运，比同学们更加主动，更加积极地为自己争取了这样一个机会。"这些优秀大学生像 RY 一样善于发现和把握身边的各种资源，进而带来更多的机会。个案 HW 在大二时报名参加了一个创新项目，给老师留下了深刻的印象，大三时老师直接邀请她负责全国的专业竞赛，"就感觉，一开始主动，后面会有很多机会"。这一过程也让她对自己的专业能力更有信心。

（2）完美倾向

在访谈中，"完美主义"一词经常被很多优秀大学生提起，这一特点使得他们在面对大学学业、科学竞赛、目标任务时更能坚持、更有韧性，也更高标准。个案 YD 追求极致的个性体现在她大学的学习和生活中。"如果我已经决定了去做这件事情，我会不断压迫自己、告诉自己，我一定会把它做完、把它做好，不断开拓自己的可能性。"面对大学生活中的各项任务时，完美主义的特质促使个案 CY 对自身提出了高要求、高标准，这也不断提升了他的个人能力。"老师给我的任务或者自己要做的事情，我好像一直就没有放低过要求，就感觉心里一直有一个衡量的标准，要做就把它做好。"

（3）目标导向

目标导向是大多数优秀大学生的行为风格。对于大学生活，他们很早就开始规划，善于对自己的生活进行目标化管理，对大学生活的走向具有较强的掌控感。个案 LR 参加完春季高考之后并没有放松，她利用暑假开始思考自己未来的发展方向，并着手准备专业学习。大一时她就确定了大学的基本规划，根据各个阶段的特点进行了调整，最终实现了自己的目标。"我基本的（大学）规划在大一的时候就完成了，然后因为形势不断变化，我还做了不少的调整，比如说出国读研其实是后来才决定的，一开始我是打算毕业后直接就业的。"

2. 家庭特征

在 15 位优秀大学生的成长过程中，父母是他们重要的支持力量。他们感受到来自父母的充分信任，以此形成的安全感促使他们能够自发地探索自己的生活，面对各种挑战。

（1）民主养育

在个案 YS 的眼中，父母很早就放手了，他初中开始住校，独自面对生活，也练就了自我管理、自我规划的能力。"他们（父母）给我非常大的自由度和开阔的空间，不会干扰我。"个案 HW 虽然在父母那里感受不到什么教育的"大道理"，但是他们勤劳朴实、相互关爱的生活态度深深感染着她。"他们基本上到初中就没有念书了，所以在学习上其实不能帮助我很多，但是他们的性格都很好，对我的关爱很多，（学习上）也不会给我压力。"个案 RP 和父母的相处更像朋友，他们的倾听和理解让 RP 获得了更多的鼓励和包容，充满信心地面对各种挑战。"我遇到困难的时候就会跟我父母说一说，然后他们会鼓励我，让我放宽心，对自己要求低点。"

（2）坚定支持

父母坚定的支持激发了这些优秀大学生的自主性和能动性，促使他们积极探索自己的兴趣、规划自己的未来，也让他们更加有力量地面对生活中的转变。个案 YJ 选择艺术专业完全出于自己的兴趣，起初周围很多人不太理解，觉得以她的成绩可以有更多的选择，但是父母的支持让她坚定了自己的理想。"我从高一的时候开始跟我爸妈说希望走艺术这条路，他们非常支持我，其实家里并没有人是学艺术的。正是背后有他们的支持，我才会下定决心去做这件事情。"个案 RY 的父母不仅支持她的决定，而且在需要的时候会参与她的生活，和她共同面对生活中的困难。"他们（父母）是坚实的后盾，不管我做什么决定，他们都很支持我。在我遇到一些问题的时候会去跟他们交流，但他们不会建议我去做什么，而是像朋友一样讨论优缺点，让我自己去做判断。"个案 WW 的父母都是地道的农民，虽然没有很高的学历，但是 WW 在父母那里感受到了足够的情感支持。这份支持建立起她内心最温暖的港湾。"我觉得家庭给予我的是一个很温暖的地方，（生活中）有不如意的地方可以依靠他们（父母）。"

（二）事件性累积优势

事件性累积优势是指个人的生命历程中所经历的生命事件所累积的优势（张翠娥、王杰，2017）。回溯上海 S 大学优秀大学生的生命故事，本研究发现这些学生在大学阶段的关注点不再局限于学习成绩本身，而是追寻个体的全面发展，在成长轨迹上体现了一定的时间主题性。在不同时间阶段，个体的经历影响着大学的生命历程，即在大学的每个阶段均彰显着一定的成长主题和发展任务，他们通过自己的生活实践对此进行回应。

1. "我的大学是怎样的？"——大一的成长主题：转变和定位

从中学到大学的时空转变中，与很多大学生一样，这些优秀大学生也遭遇了迷茫，甚至也经历着高考失利的沮丧，但是他们始终对于自己的大学生活充满期待，在实践中寻找大学生活的方向。"我高考还是有一点失利的，当时没有确定心仪的专业方向，处于比较迷茫的阶段。虽然还没有找到方向，但是我自己清楚，我不想浪费这四年，要尽量去充实自己。"（个案 RY）有一些受访者对于大学生活有非常清晰的定位，不断提升自己的综合素养。"我给自己做了一些规划，我想让大学生活能够丰富多彩一点，因为我之前除了学习还是学习嘛，我给自己定了一个小目标，逼自己参加了一些活动。"（个案 CY）良好的开端是成功的一半，从这些优秀大学生的成长故事中可以发现，在大一阶段他们注重探寻大学目标，积极探索个人的兴趣，善于拓展个体的能力，为高中到大学的顺利过渡以及大学阶段的专业学习奠定了基础。

在尝试转变和重新定位中，这些个案的生命轨迹被身边的人及其生活经历所影响着，其中，学生团体、优秀学长、辅导员起着重要的支持和引领作用。

（1）学生团体

本研究发现，学生团体是优秀大学生顺利完成高中到大学转变的重要社会支持力量。进入大学后，这些优秀大学生面临全新的生活空间、学习方式和人际模式，有的同学面对丰富多彩的大学校园一度感到无所适从。"我感觉从高中的学习状态中还没有调整过来，学习上、生活上都特别不适应。"（个案 LX）"刚进大学，处于比较迷茫的阶段，当时就是感觉没有找到一个要为之努力的方向。"（个案 RY）到底要过一种什么样的大学生活？这些优秀大学生在大一阶段积极寻找答案，在一些学生团体中，他们被接纳、被认可。

从某中部省份来到上海 S 大学的个案 PB，之前的学习体验均是围绕"分数"，"自己从小到大都是类似应试教育的那种，除了学习之外，其他能力都没得到过锻炼"，到了大学后，他发现学习已经不再是生活的全部，需要锻炼自己各方面的能力，但是很迷茫，不知如何选择。一次偶然的机会，他加入了一个学生团体，这一生活事件促成了他大学生命历程的转机。"第一次接触学生工作让我认识了其他不同专业、不同年级的同学，策划一些社团活动让我的视野打开了，找到了大学的方向。也是加入这个组织之后，我逐渐地加入其他的组织，这让我的能力得到锻炼和提高。"

学生团体作为大学校园文化的重要组成部分，不仅丰富了大学生的生活，同时也具备教育和实践的功能，为大学生提供了锻炼能力、展现才华的机会。这一育人平台也成为大学课堂教育的延伸和补充，促进了大学生的全面发展。

（2）优秀学长

与高中不同，大学的人际圈已经突破了班级、年级等设置，在一些学生团体中自然形成了一种朋辈文化。相仿的年龄、共有的价值观、共同关注的话题拉近了彼此的距离。在互动中，优秀学长的引领作用潜移默化地影响着学弟学妹们。报到当天，迎新导生给个案 YD 留下了深刻的印象，她对这一组织产生了浓厚的兴趣，带着敬佩感她参加了院学生会导生部的面试，顺利地成为其中一员。在那里，她结识了一群志同道合者并深受这些优秀学长的影响，这一关系一直支持和引导她度过大学时光。"这些学长带给我的影响是很深的，很多迷茫时期我都是靠学长学姐的引导（度过的），他们与我的距离更近，所以我更愿意跟他们交流。"

朋辈榜样更容易得到大学新生的认可，他们的引领示范作用具有针对性和直接性，能够有效地帮助新生形成自身的规划，更加理性、更加客观地对待自己的大学生活，确定积极的人生目标。

（3）辅导员

辅导员是大学新生适应大学生活的重要支持力量。作为大学生的日常管理者和思想政治教育工作者，他们给予了新生更多的关注，帮助和引导他们顺利完成从高中到大学的过渡。在个案 RP 对大学生活感到迷茫时，辅导员的引导帮助她积极面对高考的失利，尝试发现大学生活的意义。"当时对大学生活感到迷茫，是辅导员帮助我认识到大学与高中不同，不只要关注自己的成绩，还要多出去参加活动。一开始我没有想清楚活动到底能给我带来什么，我就是照着他说的去做，后来发现可以认识不同的人，同龄人的分享能够迸发出一些新的对自己的思考。"个案 WW 喜欢和辅导员聊天，在每次的交流中她总能感受到彼此思想的碰撞，激发她对大学生活的思考和尝试。"当时辅导员（对我）影响挺大的，他的思想很活跃，和他聊天可以学到很多东西。"

面对大学新生的迷茫，辅导员是他们在陌生环境中的第一引路人，也是大学生思想引领、人生导向的重要对象。在这天然的关系优势下，辅导员成为大学新生探寻新的生活价值感的重要支持和依靠。

2. "我可以做什么？"——大二的成长主题：兴趣和动机

由于上海 S 大学实施的是大类招生模式，学生在大二阶段需要完成专业分流。这一年他们的成长任务主要是发展自己的专业兴趣和专业方向，激发学习动机。相对于大一阶段，这些优秀大学生已经逐渐适应了大学学习和生活，也建立起了不同的关系网络。他们开始描绘大学的发展图景，积极尝试各种学术活动，参加科创项目、进入学科竞赛团队等。在这些尝试中，优秀大学生们不断确定着自己大学发展方向，其中，学科竞赛为他们搭建了认识专业、发现兴趣的平台；专业导师的学术魅力也深深地吸引着他们，成为他们专业上的引路人。

（1）学科竞赛

近年来，学科竞赛成为高校创新性人才培养的重要举措。学科竞赛以竞赛的方式提升了学生的创新思维、实践能力及团队协作精神，激发了学生的专业热情和探索意识。"挑战杯"系列竞赛、互联网＋创新创业大赛、工程训练综合能力竞赛等综合性学科竞赛成为高校创新人才培养的重要载体。

个案 HW 进入大二后很不适应，觉得自己所学的专业无法解决实践问题。"当时完全没有基础，不会焊接，也不会设计电路。你课上学到的东西，虽然知道，但是没有应用到一个地方，它就是一个理论的东西。"为了更加深刻地理解专业知识，她投身于创新实践中，参加了某一竞赛团队。这一机会也让她看到了自己不擅长的部分，而这样的历练激发了 HW 主动分析问题、解决问题的学习习惯。一次次失败与尝试的过程磨炼了她的意志力和进取心，也培养了她的创新思维和创新能力。"这些在课本上你没有办法学到，你必须自己去找资料，自己想办法解决这个问题，去学习更加多的知识，对那些理论的知识才有更加深入的理解。"

个案 YS 参加了一个专业竞赛的选拔面试，未被录取，但这次经历激起了他对学术研究的好奇，开始由一个旁观者转为参与者，也让他更加了解自己的专业，更加清晰自身的定位。"这些创新项目和比赛让我知道了我在做什么、我的职业会往哪个方向走，然后对我的职业生涯或者说学业生涯有了一个大致的展望。"

创新型人才的培养是目前高等教育最重要的时代责任，学科竞赛有助于大学生探寻自己的专业兴趣、提升学以致用的能力、提高学习积极性和主动性，增强对专业的理解力和认同感。

（2）专业导师

上海 S 大学一直在积极探索本科生导师制，大力推行全员导师制。专业导师不仅促进了优秀大学生的专业认同，同时导师们的治学态度、人格魅力也深深感染了这些同学，专业导师成为他们学术成长的领路人。

个案 QB 对于自己的专业一度陷入迷茫，虽然成绩不差，但是并不清楚自己学习这些知识是为了什么，内心充满困惑。"我当时对自己整个过去的大学生活都产生了很强大的一种虚无的感觉。"直到 QB 遇到自己的专业导师，她才从低迷的状态中逐渐找到了自己的兴趣和方向。"他个人的风采吸引了我，是这位老师的出现给我注入了强心剂。他治学严谨，总是耐心地引导我对问题的深入思考。在一步一步的摸索前进中，我逐渐找到了自己感兴趣的研究方向。"

导师制作为大学生教育与管理模式的一种尝试，拓展了专业教师的育人功能。导师不仅具有传授知识与技能的功能，其人格魅力、学术涵养和丰富的人生积淀与阅历更能够熏陶和感染学生，在潜移默化中影响学生对大学生涯的规划。此外，导师在指导学生参加科创活动时能延伸课堂教学的路径，锻炼学生研究性学习的习惯，有助于学生形成专业兴趣和自信。

3. "我可以选择什么?"——大三的成长主题：胜任和发展

经历了一年的专业学习后，大三阶段的学生开始考虑自身未来的发展，逐渐确定大学的目标，并积极通过各种途径践行目标。在这一阶段，他们注重自身能力的培养，希望通过各种竞赛、项目、课题等将所学到的知识应用于实践中，从而体现自身的价值。大三也是这些优秀大学生最忙碌的时期，他们不仅注重自身专业能力的提升，也开始接触校外的锻炼机会，对自己的未来有了一定的规划，也逐步明确自身的发展方向，这为他们之后走向社会奠定了基础。同时，正因为发展方向明确，这些学生的交往显得更加同质，倾向于加入目标一致的内群体，分享资源、相互支持和影响。

（1）实践实习

近年来，高校不断深化教育教学改革，加强培养学生的创新精神和实践能力，开放校园，链接社会、国内外企业等组织资源，为大学生提供了重要的实践机会，拓展了学生的眼界，调动了学习热情，提高了学生创新能力。个案 WS 参加了学校组织的海外实习项目，有意识地提升自己能力方面的薄弱环节。"（参加海外实习）一方面想尝试海外的学习氛围，另一方面我感觉这种思维能力可能会对自己所学的学科有一定的帮助，能让我开阔视野。"WS 在大三也参加了政府的挂职工作，在学习之余有计划、有目的地深入社会，这份经历既是对自身能力的一种锻炼，也是接触社会、服务社会的一次机会，从而激发了他对自己生活的思考。"（政府挂职）是对吃苦耐劳精神的锻炼，也培养了自己的奉献精神，这可以让你有更多的理想，甚至对自己的未来有更多的想法。"

实践实习是促进大学生与社会接轨的重要途径，也是大学生的身份逐渐向社会身份转变的一次尝试。接触社会、了解社会可以帮助大学生认识到社会的要求，有助于明确之后的努力方向和目标。

（2）朋辈内群体

内群体是指个体自己所属的群体。研究表明，人们对自己所在群体有着强烈的认同感和亲切感，对同群体的成员表现得更积极，合作水平更高（杨瑞萍、仪建红，2013）。大三阶段，这些优秀大学生的交际圈逐渐聚焦，有共同目标（如保研、考研或者出国）的个体更容易抱团，相互学习、优势互补。这样的内群体的一个突出特点就是联动性，大家彼此影响，朝着既定的方向形成合力。

个案 SZ 大三阶段一直往返于两个校区，一方面积极准备着学科竞赛，另一方面开始准备保研。"我的室友信息资源很多，好像什么事都了解。对我来说也会受到潜移默化的影响，保研这些最开始就是从他那了解的。"因为彼此熟悉和了解，SZ 更加信赖这一关系，相互间有更多的带动作用。个案 LR 大三时虽然课程已经修得差不多了，但是她仍然很忙碌，一方面要去准备科研成果，另一方面又要为出国留学做准备。为了增强学习效果，她加入了学院的留学交流群。"由于我们专业的特点，我周围有不少同学也是准备出国留学的，因为大家都有同一个目标，相互间能交流学习上的信息和经验，还能获得更多的心理支持。"

这样的内群体有助于优秀大学生获得认同感和归属感，群体内的互动也调动了学生自身的激情和动力，在相互学习和交流中更加坚定了自己努力的方向。

4. "我的未来是怎样的?"——大四的成长主题：转换和准备

每个人在生命历程中都会经历很多转换。在大学生涯的最后阶段，大学生们将面临角色的转换。这些优秀大学生的角色既有延续也有转换，面对即将变化的时空，他们积极应对、勇于尝试，迎接着下一个生命阶段的到来。

（1）本硕时空连接

生命历程理论认为，个体的发展是毕生的，大学只是个体生命历程中的一个阶段。随着大学生涯的结束，优秀大学生中的大多数人即将进入研究生阶段继续深造。相对于高中到大学的时空转移，这一转变更加自然。这些优秀大学生大四时就开始准备向研究生阶段过渡，有的在选择毕业设计主题时会考虑之后研究生阶段的研究领域，有的在确定研究生导师后直接加入其课题组。这样的连接机制使得个体面临新环境时更加从容，适应得更快。

个案 CY 和 QJ 在保研成功之后与研究生导师保持着紧密的联系，除了完成自己毕业设计的工作外，他们将主要精力放在了今后的研究生学习生涯中。"保研成功后主要与现在的老师（研究生导师）有了一些交流，每周都要开一个组会，也明确了以后的研究方向。就像我高考完到大一之前的那个阶段自己制订计划然后实施计划，感觉很充实。"（个案 CY）

随着既定目标的实现，这些优秀大学生更加主动地设计自己的未来，寻求不同生命阶段的连接，为下一个阶段做准备。

（2）朋辈示范榜样

榜样示范教育是高校培养全面发展的社会主义人才的重要途径（易雪媛，2019）。本研究发现，在大四阶段这些优秀大学生脱颖而出，成为朋辈群体的青春榜样，影响和引领着身边的同龄人。

优秀的个案 QJ 成为学院的"专业明星"，他组建了一个学术社团，带动和帮助同学提升专业能力。"这（社团）是面向我们专业的同学，主要是科普科研，开展一些学术交流活动，这也让我更加坚定了一个想法，就是我要继续在这个专业领域做科研、做项目。"

可以看到，这些优秀大学生大一至大四的生命轨迹中发生着转变，这些转变成为个体生命历程中的重要时机，影响着他们生命轨迹的延续，而个体累积的内外部因素又建构了其生命历程的核心内容和动力。

四　三全育人视域下优秀大学生成才的累积机制

本研究发现优秀大学生的成长与成才过程中累积了来自个体和家庭的初始优势以及大学后的优势。这两种优势相互叠加共同影响着优秀大学生的成长。

（一）初始累积优势为大学生成才奠定基础，参与了整个大学生命历程

已有研究发现，优秀大学生身上表现出的生活品质和较好的社会支持系统帮助他们取得了优异的成绩（王丽，2016）。本研究也发现，这些优秀大学生身上体现出来的积极主动、完美倾向和目标导向等心理品质为他们大学期间的卓越表现提供了可能；而民主的养育环境让他们更加自信、独立，来自父母坚定的支持让他们在面对生活中的困难和挫折时更加积极主动。他们将这些已有的优势迁移到了大学生活中，来自个体特征和家庭特征的初始累积优势参与了优秀大学生自我发展的路径，也为他们的脱颖而出奠定了基础。

（二）事件性累积优势促成了大学生的成功，形塑了大学生的成才之路

从优秀大学生的生命历程中可以看到全员协同、全过程贯通、全方位融合的三全育人理念深嵌其中，三个维度形成教育合力，为他们成功的大学生涯累积了事件性的优势。全过程育人的理念贯穿于整个大学阶段，在每个时间节点均形成了具体的成长主题。围绕这一主题，大学生在一些重要育人平台和重要人物的影响下完成了每个阶段的成长主题。学生团体、学科竞赛、实践实习、本硕时空连接等构成了全方位育人的重要空间，促进了优秀大学生优秀品质和专业能力的培养，帮助他们顺利过渡到下一个生命阶段。优秀学长、专业导师、辅导员、朋辈内群体等形成了重要的育人资源，也促使这些优秀大学生成为周围人的青春榜样。

具体而言，大一阶段的成长主题是转变和定位。这些优秀大学生积极面对从高中到大学的转变，主动参与各种学生团体，感受到了群体接纳和认可，在优秀学长和辅导员的引导下确定了大学的目标，为他们探索大学生活奠定了基础。大二阶段的成长主题是兴趣和动机。优秀大学生们不断尝试，借助学科竞赛的平台，在专业导师的指引下发现自己的专业兴趣，形成一定的专业自信，增强了他们对大学专业的认同感。大三阶段的成长主题是胜任和发展。这些优秀大学生开始尝试一些校外的实践实习活动，拓展了自身的价值，同时对于自己未来的选择更加确定，对朋辈内群体更加认同，形成较强的自我胜任感。大四阶段的成长主题是转换和准备。作为大学的最后一个阶段，他们面对时空转换主动建立连接，为下一阶段生

命历程的转变顺利过渡；同时，这些优秀大学生从受他人影响转变为影响他人的青春榜样，从而实现了自我的价值。因此，从进入大学到大学毕业，这些优秀大学生的自我发展和成长是一个渐进和累积的过程，在三全育人思想指导下，重要影响人和育人平台共同作用于大学的整个阶段，形塑着优秀大学生的大学成才之路，实现了不同生命阶段的全贯通。

（三）初始累积因素与事件性累积因素形成育人合力，促成了大学生的成长成才

累积因素是个体在社会结构中动态产生的，体现在不同生命阶段和成长主题中。本研究发现优秀大学生成长成才的累积机制由初始累积和事件性累积构成。初始累积优势包括积极主动、完美倾向和目标导向的个体特征以及民主养育、坚定支持的家庭特征。事件性累积优势贯穿于整个大学阶段，促进大学生个体成长的育人平台和重要他人协同作用于大学生命历程，促成了优秀大学生的成功。基于此，本研究提出了三全育人视域下优秀大学生成才的累积机制，见图1。

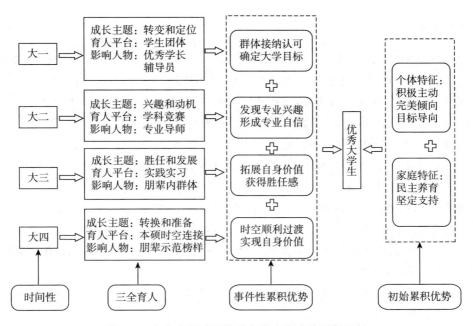

图1　三全育人视域下优秀大学生成才的累积机制

图 1 表明，初始累积因素和事件性累积因素紧密相连，事件性累积因素在初始累积因素的基础上共同塑造着优秀大学生的生命历程。因此，大学生的成长成才不仅受到大学期间这一时空的影响，而且是一个持续性的动态过程。三全育人的理念更多聚焦的是大学期间的人才培养过程，但是本研究也发现了学生自身积极的个性品质以及家庭环境中的优势在大学生成长成才过程中的作用，这些因素激发了三全育人理念优势作用的进一步放大。总体来说，初始累积因素对促进优秀大学生的成长成才具有基础性作用，而三全育人理念指引下的事件性累积因素则具有直接性作用。同时，由于初始累积因素长期存在并具有一定的基础性，因此很容易与事件性累积因素形成育人合力，帮助优秀大学生完成每个阶段的成长主题。因此，系统的、交融的育人体系不仅仅局限于大学这一时空背景，而是一个持续的、广泛的、贯穿整个生命历程的人才培养工程，就像在这些优秀大学生生命历程中所体现的一样，是一个时空叠加、资源互动、各方参与的过程。

参考文献

艾米娅·利布里奇、里弗卡·图沃－玛沙奇、塔玛·奇尔波，2008，《叙事研究：阅读、分析和诠释》，王红艳译，重庆：重庆大学出版社。

陈冉、任少伟，2019，《优秀大学生的成长路径特征及启示——基于近 10 年"中国大学生年度人物"事迹文本研究》，《安徽工业大学学报》（社会科学版）第 5 期。

G. H. 埃尔德，2002，《大萧条的孩子们》，田禾、马春华译，南京：译林出版社。

龚小虹、刘燊，2016，《不同类型优秀大学生积极心理品质的对比研究》，《中国健康心理学杂志》第 9 期。

梁伟、马俊、梅旭成，2020，《高校"三全育人"理念的内涵与实践》，《学校党建与思想教育》第 4 期。

王丽，2016，《优秀大学生生活品质的质性研究——以浙江省高校为例》，《长春教育学院学报》第 8 期。

杨瑞萍、仪建红，2013，《重视大学生思想政治教育教学中的群体效应》，《中国高等教育》第 7 期。

易雪媛，2019，《价值多元化视阈下大学生榜样示范教育研究》，《学校党建与思想教育》第 5 期。

张翠娥、王杰，2017，《弱势的累积：生命历程视角下农村贫困家庭的生成机制》，《华中农业大学学报》（社会科学版）第 2 期。

赵磊，2018，《我国优秀大学生的群体特征研究——以 2005—2016 年全国大学生年度人物为例》，《河北农业大学学报》（农林教育版）第 5 期。

【社会工作相关议题研究】

基于社会心理服务体系平台的中小学心理健康服务"家－校－医－社"一体化模式初探

——以上海市长宁区为例[*]

郑　宏　李紫嫣　许俊杰　付　娟　张　亚　鞠　康[**]

摘　要　自 2019 年开始，由国家卫健委和中央政法委联合牵头，在全国范围内开展了面向不同人群的社会心理服务体系试点。近年来，作为脆弱性群体，中小学学生心理健康状况得到了社会多方关注。本文通过描述上海市长宁区试点区基于社会心理服务体系试点，对在中小学学生心理健康服务领域开展的"家－校－

*　基金项目：1. 上海市科技计划项目（20dz2260300）和中央高校基本科研业务费专项资金资助项目：上海市心理健康与危机重点实验室开放课题"疫情防控常态化背景下儿童抑郁水平的发展监测及干预研究"、主任课题"基于机器学习与神经表征信号的青少年自杀风险预测模型"；2. 上海市卫健委科研项目"上海市公共卫生体系建设三年行动计划（2020—2022 年）优秀学科带头人培养计划"（GWV－10.2－XD30）；3. 国家自然科学基金青年项目（31900767）"心理咨询中咨访关系的神经基础：基于来访者和咨询师大脑同步性的研究"。

**　郑宏，华东师范大学心理与认知科学学院兼职教授，上海市心理健康与危机干预重点实验室成员，上海市长宁区精神卫生中心主任医师、中级社工师，主要研究方向为青少年社会工作、社区治理等；李紫嫣，华东师范大学心理与认知科学学院硕士研究生，主要研究方向为青少年心理健康等；许俊杰，上海市长宁区精神卫生中心中级社工师，主要研究方向为青少年社会工作等；付娟，上海市长宁区精神卫生中心中级社工师，主要研究方向为青少年社会工作等；张亚，通讯作者，华东师范大学心理与认知科学学院副教授，主要研究方向为青少年心理健康等；鞠康，通讯作者，上海市长宁区精神卫生中心副主任医师，主要研究方向为青少年心理健康促进及心理危机干预等。

医－社"一体化服务模式进行了初步分析，以利于增进维护中小学学生心理健康的多方协作关系，对本土中小学学校精神健康社会工作的推进和实施提供有益启示。

关键词 社会心理服务体系试点 中小学 心理健康多学科服务团队 社会工作

一 研究背景和问题提出

心理健康是健康重要组成部分，也是影响经济社会发展的重大公共卫生议题。围绕党的十九大报告提出的"加强社会心理服务体系建设，培育自尊自信、理性平和、积极向上的社会心态"的要求，自 2019 年开始，由国家卫健委等 9 个部委开展全国社会心理服务体系建设试点工作。2020 年，上海市要求积极围绕新一轮精神卫生规划的要求，推进试点工作。本研究所在的长宁区制定了创建社会心理服务体系试点工作方案，积极探索"动员广覆盖、跨界新领域、关注全周期、服务多人群"，实施建立健全社会化、专业化、科学化的社会心理服务体系，并将中小学学生群体纳入心理卫生和社会心理服务覆盖的重点人群。《中共中央关于制定国民经济和社会发展第十四个五年规划和二〇三五年远景目标的建议》提出，要健全学校家庭社会协同育人机制，重视青少年身体素质和心理健康教育。因而，如何整合相关资源，面向全体中小学学生群体，从社会心态培育的高度，由什么主体采用何种适宜的方式以及如何协同提升中小学心理健康水平，具有高度的社会意义和研究价值。

回顾我国现有的中小学学校内的心理健康教育的状况，按照体系构成，可分为心理健康教育内容、心理咨询服务内容及心理疾病预防与危机干预服务内容三种体系（廖全明，2009）；按照服务提供，可分为面向全体学生以知识传授、素质拓展为主的心理健康教育和面向部分"特殊需求"学生的个性化的心理咨询、治疗与服务（王娜、东波，2018）；按照应对心理问题和危机事件结果导向，可分为预防导向——强调调动和发挥学校老师与班级心理委员的作用，对学生心理状态进行主动监测（潘凌理、范艳华，2017）以及干预导向——强调学校心理老师识别、疏导和干预作用，针对学生心理问题提供服务（李力生、郭华星，2016）。

无论何种分类，当前学校心理健康教育普遍是以学校、学生和家长之间的互动为主，整合精神专科医院、社会机构等其他主体资源的探索甚少，在一定程度上引发了学校心理健康服务的"供求不平衡"：一方面，学生和家长对学校心理健康服务需求日益增多，而学校心理教师即便配备到位，仅靠校内 1 ~ 2 名专职心理教师也很难确保提供高质量的心理健康服务；另一方面，一旦学生出现心理问题、心理障碍或是心理危机状况，由于所属部门、规范和要求存在不匹配，缺乏持续的专业指导和技术支撑，学校层面难以整体承担起"心理健康特殊需求"学生的识别、筛查和转介工作（廖全明，2010），即便有精神专科资源介入，也由于资源、质量、效率存在结构性矛盾，时常处于"被动应急"的状态，很难持续、稳定起到作用（谢斌，2019）。

因此，基于当前社会心理服务体系试点探索，本文提出以下研究问题。

第一，如何从宏观层面社会培育的角度，基于社会心理服务平台，整合多学科攻关，探索社会发展心理学的路径来承担整合中小学心理健康服务体系和社会心理治理实践的任务？第二，如何界定医学、社会学、心理学、教育学等专业力量在中小学心理健康服务中各自的配备、职责、功能？第三，通过何种方式持续、系统、规范融入学校心理健康服务体系，以及如何提供服务和进行评价？

二　服务实践和证据为本

（一）区域概况和服务基础

长宁区位于上海中心城区西部，区域面积为 37.19 平方公里，辖 9 街 1 镇，下设 185 个居民委员会。截至 2019 年初，辖区常住人口为 69.86 万人，户籍人口为 59.24 万人，流动人口为 10.62 万人。

2019 年初，按照国家和市级文件要求，长宁区在试点期间逐步完善组织管理体系的建设，呈现三个特征。①社会化组织。通过正式文件和目标任务书的形式，确立组建区委、区政府分管领导共同担任组长的双组长机制，由区政法委、区卫健委、区委宣传部、区民政局等 13 个委办局组成试点成员单位,将社会心理服务体系纳入政府部门党政领导干部考核、政法系统平安综治工作考核和卫生系统基本公共服务,要求通过部门合作的形式推进项目实施和落实。②规范化运作。在前期三轮部门征询意见的基础上,区级文件将试点任务分为体系建设、能力提升、创新引领三大类共16项试点任务,每个任务明确2~3个主责部门联合推进,同时成立由社会学、心理学、精神病学、社会医学、公共卫生、公共管理、公共政策等方面专家组成的试点工作专家技术指导组,对试点工作提供专业技术支撑、工作成效的评估与评价。③指标化评价。依据前期联合调查的结果,将共识度、感受度和满意率作为评价指标,确定中小学学生群体和老年人群体作为社会心理服务体系试点的重点目标人群,标定了网络、模式和机制建设的时间节点、具体指标和考评标准。

(二) 服务概述和实施过程

1. 服务平台体系架构建设

长宁区社会心理服务体系试点平台由区政法委、卫生、教育、民政、残联等多部门牵头,上海市精神卫生中心、新华医院等市级医疗机构提供专业医疗技术支撑,区精神卫生中心、区疾控精神卫生分中心组建精神科多学科服务团队为中小学目标人群提供科普宣教、心理顾问、心理问题识别、精神疾病转介和康复、社会工作服务等专业化、社会化和持续性的技术指导和业务督导,社会工作者和心理咨询师、学校心理教师、班主任、家长、志愿者等共同协作参与中小学学生心理健康服务,由此形成"家－校－医－社"一体化模式。

具体而言,平台的架构由下述层级组成。

(1) 第一层级:分工协调管理。创建社会心理服务体系试点工作领导小组办公室,初步形成"家－校－医－社"多部门合作和分工协作的服务层级。

"家"层面的部门合作:①由区教育局牵头,在区教育学院指导下,由学校为家长、教师按需提供家庭教育和儿童青少年心理培训及指导;②由区卫健委牵头,在区精神卫生中心指导下,依托社区卫生服务中心试点建立和规范心理咨询服务点,通过驻点服务形式,按需提供儿童青少年心理健康服务。

"校"层面的部门合作：①在上海学生心理健康发展指导中心的指导下，由区教育局牵头，在全区中小学普遍设立心理辅导室，每校配齐 1～2 名心理健康教育专兼职教师，在校内提供心理课题、心理辅导和危机干预等服务；②由区教育局、区卫健委牵头，由副主任医师作为学校心理顾问，在此基础上组建多功能服务团体，按需定期提供心理综合指导服务，联合开设心理健康教育课程，提供心理辅导与咨询、家长指导、危机干预等服务。

"医"层面的部门合作：①由区卫健委、区教育局牵头，在市级机构指导下，建立完善市级 24 小时公益心理健康援助平台和教育危机专线，完善和加强区心理危机干预平台和人员队伍建设，提供线上和线下的心理危机干预服务；②在区级综合性医院开设心理门诊，为有躯体症状且出现心理行为问题的中小学学生提供人文关怀、心理疏导，提供药物治疗和心理治疗相结合的服务，在妇幼保健机构、社区卫生服务中心试点提供心理健康诊疗、咨询和干预等服务；③由区卫健委牵头，区精神卫生中心指导，社区卫生服务中心对居家罹患严重精神障碍（精神分裂症、双相障碍等）中小学学生患者及家长提供心理疏导服务。

"社"层面的部门合作：①由区政法委、区卫健委、区民政局牵头，在社区中甄选具有一定资质的社会心理服务机构（包括心理咨询服务社会组织、心理咨询公司、私立心理诊所、国际化医院心理门诊部等），试点布设监测哨点，对于在机构咨询或就诊的，探索通过专科医疗人员定期指导和督导的形式，甄别出现早期疑似心理危机前兆的中小学学生（存在重度抑郁或焦虑等精神症状、经历家庭巨大变故、伴有高频自伤/自杀倾向和行为等），对家长开展宣教告知，推动早期转介；②由区政法委、区民政局、区卫健委、区教育局联合牵头，依托村居委会、街道综治服务站、社区卫生服务站，分别引导开展中小学学校和街镇的 1～4 级全层级的社会化、专业化服务，建立一套针对社会心理服务专业机构、社会组织的规范管理与监督评价机制，每半年由第三方进行绩效评估；③由区卫健委、区政法委、区委宣传部牵头，向社会广泛招募心理健康服务志愿者，建立一支心理健康志愿者队伍，提供资源和技术指导；④由区政法委牵头，通过政府购买服务形式，由区级阳光社提供社区未成年人心理健康宣教、心理疏导、社会矫正服务；⑤由区关工委牵头，通过离休干部和儿童青少年结对的形式，通过主题宣讲、互动讨论的形式在街镇提供儿童青少年心理健康服务。

（2）第二层级：业务指导。在第一级组织领导下，由区政法委下属的长宁区社会心理服务指导中心、长宁区卫健委下属的长宁区疾病预防控制精神卫生分中心、长宁区教育系统下属的未成年人心理健康辅导中心即"三个中心"组成，负责全区层面街道、医疗、教育系统等不同层面中小学学生心理健康服务的业务指导、日常管理、危机干预、定期考核。下设专家组和服务队伍：专家组由市、区教育学、医学、心理学、公共卫生、社会学等领域专家组成，负责协调解决疑难问题和重大事件，开展决策咨询、论证评估。服务队伍由精神科医护人员、社会工作者、心理治疗师、心理教师、社会组织心理咨询师等组成，负责技术指导、应急处置、协调联络等。

（3）第三层级：学校实施。由各中小学校组建心理健康教育工作领导小组，以学校分管领导、德育主任、年级组长、心理教师、卫生教师、班主任、骨干教师为主体，设立学校联络员（由学校心理教师担任），负责校内心理健康宣教、异常言行早期识别、心理辅导、分类报告以及家长宣教等。

（4）第四层级：志愿服务。由具有心理服务资质的社会组织、心理服务机构、志愿者组织以及家长联谊会组成，负责开展社会化、个性化、多元化的学校心理卫生服务、协助开展校内危机心理干预等（见图1）。

2. 服务团队建设

（1）专业干预系统。包括：①精神心理健康服务专业指导团队，由精神科医护人员、精神健康社会工作者、公共卫生工作者、心理治疗师/咨询师等12名成员组成；②学校综合服务团队，由来自教育系统心理教师、心理咨询师、教育工作者等10名成员组成。

（2）运作支持系统。由行政管理人员、班主任、家长志愿者等15名成员组成，重点在于心理健康守护。

上述三支队伍各司其职、互为支持并实施联合干预，其中精神心理健康服务专业指导团队负责监测、宣教和干预的组织和指导、定期业务督导；学校综合服务团队负责心理健康服务、早期识别、联合干预和信息传报；心理健康守护团队负责科普宣教、家庭教育、志愿服务支撑和指导（见图2）。

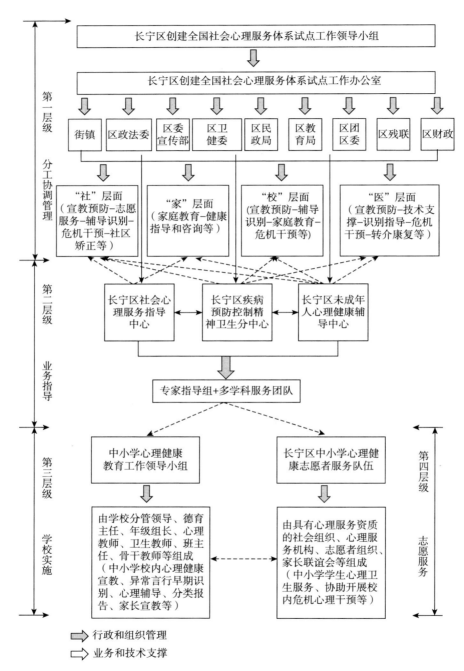

图1 基于社会心理服务体系试点"家－校－医－社"四级体系

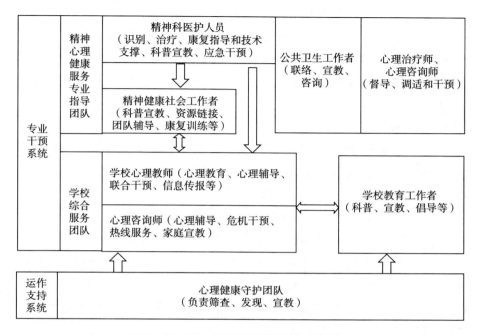

图 2 多学科服务团队组织结构和职责分工

3. 服务层级和内容建设

研究发现,现有区域中小学心理健康服务可分为四个层级。

(1) 第一层级:普适性心理健康服务维度。

由区政法委、区教育局、区卫健委牵头开展,以"家－校"联动为主,以"教育－发展"为取向,主要目标人群为全体中小学生、家长,关注学生成长和家庭生命周期的议题,提供心理健康科普、家庭教育、生命教育、心理健康建档等服务。

服务内容包括:①中小学学生群体:情绪状态、自尊、自主成长、压力应对、成败观、同伴关系等;②环境支持:家长(自主性支持、教养方式)、教师(成败观、行为反应)。

而服务形式由线下和线上两部分构成,线下包括:科普讲座、心理沙龙、心理体验、户外拓展等;线上包括:线上授课、团体辅导(抗逆力训练、情绪调适、人际效能、家庭教养等)。

(2) 第二层级:选择性一般心理问题辅导与咨询及心理障碍早期识别与转介维度。

由区政法委、区教育局、区卫健委联合牵头开展，以"家－校－医"联动为主，采用生理－心理－社会取向，聚焦一般心理、情绪、行为问题，主要目标人群为出现抑郁、焦虑、强迫、厌学等一般心理问题的中小学学生和家长，提供心理问题早期识别、辅导和咨询及心理障碍早期识别与转介等服务。

服务内容包括：①中小学学生群体：一般心理问题的发现、辅导和咨询；②环境支持：家长（宣教、调适和辅导等）、教师（识别、报告、应对等）。

而服务形式也由线下＋线上组成，具体有：心理顾问指导、识别指导以及个体、家庭和团体辅导及咨询等。

（3）第三层级：针对性心理危机干预维度。

由区政法委、区教育局、区卫健委联合牵头开展，以"家－校－医"联动为主，采用生理－心理－社会取向，聚焦冲动型/计划型自杀、非自杀性自伤（NSSI）等，目标人群为出现危机状况或自杀未遂的中小学学生和家长，遵循生命至上原则，提供生命保护、重建安全感、消除危险因素、精准支持等服务。

服务内容包括：①中小学学生群体：危机评估、分级危机干预、风险因素消除等；②环境支持：家长（干预协同、环境调适、就诊指导等）、教师（预警、干预和报告、危机应对、案例督导等）。

服务形式包括线下＋热线干预，比如，团队联合危机干预、TALK模型技术应用、环境支持和链接等。

（4）第四层级：针对性精神（心理）障碍治疗和康复维度。

由区教育局、区卫健委、区政法委、区民政局牵头开展，以"家－校－医－社"联动为主，采用生理－心理－社会取向，目标人群为罹患精神（心理）障碍的中小学学生和家长，提供规范治疗、早期康复、延缓残疾、减少复发和致残影响、丰富应对策略、治疗康复评估、功能康复、环境支持等服务。

具体服务内容包括：①中小学学生群体：治疗和康复宣教、心理治疗和康复训练、预防复发；②环境支持：家长（家庭护理指导、资源获得、居家康复指导）、教师（知识普及、心理关爱及辅导）。

而服务形式同样由线下与线上两部分构成，线下重点是：合理用药，康复评估、指导，社区资源链接等；线上重点是：自我管理辅导、家庭护理教育、回归校园技能训练等。

4. 资源保障

平台建设和服务提供获得了许多保障，包括以下四个方面。（1）组织保障。区政府颁布文件和下达目标任务书，建立区委、区政府分管领导共同担任组长的双组长机制，并纳入党政领导干部和平安综治工作考核，等等。（2）技术保障。高校"区校"合作，并筹建"长三角地区儿童青少年精神心理健康联盟"，邀请长三角地区医学、教育学、心理学、脑科学等学界专业人员参与。（3）人力资源保障。涉及医疗资源、中小学服务资源等多项资源的投入。（4）经费保障。试点三年，遵从"均衡发展、效能优先"原则，政府专项经费投入超过 700 万元。

5. 结果评价

试点三年以来，"家－校－医－社"一体化服务模式，在"普适性心理健康服务"方面，中小学学生服务累计超过 4800 人次，家长服务 3255 人次，心理教师累计线上＋线下服务 2168 人次；在"选择性心理健康服务"方面，学生和环境支持动态监测累计完成超过 8300 人次，心理问题辅导与咨询累计超过 1850 人次；在"针对性心理健康服务"方面，累计处置分类预警事件共 286 件次，其中，重大心理高危事件 48 件次（占 16.8%）、严重心理危机事件 76 件次（占 26.6%）和一般心理事件 162 件次（占 56.6%）；在发现的符合预警状况的学生中，经过专科医院精神科医生诊断，一般心理问题 124 件次，符合 ICD－10 精神障碍诊断 118 件次，符合 ICD－10 严重精神障碍 44 件次，响应率为 100%。提供罹患精神（心理）障碍转介 72 人次，提供治疗和康复指导 296 人次。

本研究探索干预以来，累计线上＋线下服务超过 66000 人次，抽样满意度持续保持在 96% 以上，心理健康宣教普及率为 100%，危机响应率为 100%，年均校园危机事件联合干预率为 100%，干预及时率为 100%，预防自杀成功率为 100%。

三 "家－校－医－社"一体化模式总结和思考

（一）研究总结

研究发现，经过三年的探索，项目已经产出较为丰富的经验总结，可以概括如下。

1. 实施探索中小学心理健康服务"家－校－医－社"的综合预防和干预模式

基于社会心理服务体系试点，依照心理健康服务的目标人群、实施重点、环境支持程度的不同，建立分层分级服务机制和路径，引入了包括区政法委、精神卫生专科医院、区级疾控预防精神卫生专业机构、区教育学院、区级未成年人心理健康辅导中心、中小学学校、区民政局、优质心理健康社会组织和志愿者服务机构等服务资源，构建了四级体系，组建了专家指导组和多功能服务团队，在周期时间内采取联合、专业、快捷、融合、实时的干预措施对中小学学生心理健康、心理问题和心理危机干预进行事前－事中－事后的预防－预警－报告和干预，将以往片段、间断和独立的中小学学生心理健康服务，逐步引向精准化、规范化、系统化的发展轨道；不同部门和机构的目标任务和职责分工，通过家庭、学校、医院和社会力量的整合式支持，分类处置的标准趋于统一、规范和协调。

2. 探索连续、纵向、多时点的中小学心理健康服务的预防－监测－干预机制

在加强政府平台组织管理的同时，项目大量引入专业力量如超一流大学科研院所、市区两级精神卫生专科医院、社会组织等服务力量，通过多学科耦合介入，探索建立"家－校－医－社"四级体系，对学生心理健康状况进行分层分级，对外界不良的环境因素影响群体心理健康问题在不同阶段的发展和弥散过程采用计算机模型进行科学的预测、监测和评估，实施跨学科标准化预防－监测－干预，探索顶层设计，从"事前预防"着眼，协调解决学生心理健康服务模式中存在的共性问题和突出问题，多维度、多途径提供综合服务。

3. 结合区域特点，整合多种资源，加强系统支持

基于中小学学生"生理－心理－社会"与整个环境系统良性互动和均衡发展的理念，本次探索引入"家－校－医－社"多学科、跨专业、跨领域开展合作，加大分类中小学学生心理健康服务与专业化、社会化的服务衔接。在家庭环境中，通过政府部门优选服务资源的方式，采用艺术表达、国学学习、文创制作、心理体验与家庭教育叠加等方式开展线上＋线下的教养辅导；在学校环境中，借助医校结合、医校家互动等方式，面向班主任、家长、学生群体，分别提供专题培训、心理体验和沙龙、抗逆力训练等综合服务，消除不良因素影响、增加保护因素、丰富应对策略；在医疗环境中，通过"心理顾问制"，对于明确罹患抑郁障碍的中小学学生家庭，开辟"绿色通道"，提供就医资源链接及用药和康复指导；在社会环境中，构建三级心理健康服务和危机预警的网络，探索采用政府部门购买公共服务的形式，由专业的精神科专业人员、心理卫生工作者协同青少年社工，结合中小学人群的人格特征和心理特点，采用喜闻乐见、通俗易懂的形式，从个体和环境层面入手，通过微信等新媒体，从"同学圈、家庭圈、校园圈"三个圈子着眼，积极开展社区关爱行动，因地制宜，开展公益倡导和公众宣教。

项目将中小学学生心理健康服务由"个体危机干预微观层面"转变为"社会心态培育宏观层面"进行探索和研究，契合了"十四五"规划"健全学校家庭社会协同育人机制"要求，在一定程度上补充了教育体系心理服务资源不足，在"健康中国"背景下尝试探索专业化、社会化、公益化的中小学学生心理健康服务。

（二）进一步思考

1. 国家法律和政策的规定与要求

从法律的层面来看，《教育法》和《未成年人保护法》均明确规定，国家机关、军队、企业事业组织、社会团体及其他社会组织和个人，应当依法为儿童、少年、青年学生的身心健康成长创造良好的环境。显然，保护未成年人身心健康和合法权益是全社会的共同责任。

为此，2018 年，国家卫生健康委、中央政法委等 10 部门印发《全国社会心理服务体系建设试点工作方案》，对基层社区、学校、机关、企事业单位、医疗机构等都提出了具体试点目标，要求建立健全社会心理服务网络，建立健全心理援助服务平台，将心理危机干预和心理援助纳入各类突发事件应急预案和技术方案，加强心理危机干预和援助队伍的专业化、系统化建设，为各地基于社会心理服务体系试点平台开展中小学学生心理服务奠定了基础。

2. 现有服务的不足与欠缺

目前，我国多部门联合开展的"家－校－社"中小学心理健康服务干预仍存在一些薄弱环节，表现在：①由于政法委、卫生、教育、民政等部门分属不同体系，心理健康服务的落实缺乏在更高的平台上对现有多种资源的有效整合，干预往往局限于学校内部，多个层面、多个机构的资源共同预防监测和综合干预的局面尚未形成；②不同部门、单位、组织和个人对于心理健康预防的理解不甚统一，中小学学生往往由于先天素质、所处学段、成长环境等的不同，会产生不同的心理健康服务需求，单一干预学生个体，而非从整个环境入手进行预防宣教、服务干预，效果较为一般；③受到传统观念、机构设置、服务衔接等因素的影响，现阶段基于社会心理服务体系试点平台的"家－校－医－社"一体化模式的探索更为少见。

因此，如何进一步界定多部门、多组织和多机构在服务中的职能、定位和任务，形成"个体、群体和环境""医学、教育和家庭""监测、分类预警和干预"的中小学学生心理健康综合服务，形成具有基层推广价值的机制和工作模式，仍然有待进一步探索和实践。

参考文献

国家卫生健康委、中央政法委、中宣部、教育部、公安部、民政部、司法部、财政部、国家信访局、中国残联，2018，《全国社会心理服务体系建设试点工作方案》，http://www.nhc.gov.cn/jkj/s5888/201812/f305fa5ec9794621882b8bebf1090ad9.shtml。

何元庆、刘杨，2015，《中小学生心理危机系统化干预机制构建》，《石家庄学院学报》第 3 期。

李建明、晏丽娟，2011，《国外心理危机干预研究》，《中国健康心理学杂志》第 2 期。

李力生、郭华星，2016，《医学院校研究生心理危机干预模式》，《中国健康心理学杂志》第 11 期。

廖全明，2009，《中小学生心理健康服务内容体系的构建》，《中小学心理健康教育》（下半月）第 12 期。

廖全明，2010，《建立中国本土化中小学生心理健康服务方法体系的对策》，《中小学教师培训》第 1 期。

潘凌理、范艳华，2017，《独立学院心理危机干预创新模式研究》，《现代教育》第 24 期。

彭丹妮，2021，《中国首个儿童青少年精神障碍流调报告出炉！告诉了我们什么？》，《中国新闻周刊》总第 1024 期，http://www.inewsweek.cn/viewpoint/2021－12－13/

14612. shtml。

王嘉琪、白冬青，2021，《危机干预融入中小学心理健康教育教学的研究》，《山西青年》第 7 期。

王俊秀，2020，《多重整合的社会心理服务体系：政策逻辑、建构策略与基本内核》，《心理科学进展》第 1 期。

王娜、东波，2018，《学校社会工作介入中小学生心理健康教育的路径探析》，《西部素质教育》第 13 期。

王英雯、王楚东、廖振欣、张雪妍、赵明一，2020，《新冠肺炎疫情期间人群心理焦虑抑郁水平与差异分析及与 SARS 等疫情特点对比》，《生命科学研究》第 3 期。

谢斌，2019，《从 "精神卫生" 到 "心理健康" 和 "社会心理服务"：现实与期待》，《心理学通讯》第 1 期。

杨宜音，2006，《个体与宏观社会的心理关系：社会心态概念的界定》，《社会学研究》第 4 期。

杨锃，2019，《从 "人格崇拜" 到 "自主自我" ——社会的心理学化与心灵治理》，《社会学研究》第 1 期。

朱凯恒、周玉、谢新艳、吴昊、薛琦、刘琦、万梓豪、宋然然，2020，《新冠肺炎疫情期间湖北省小学生焦虑现状及其影响因素》，《中国公共卫生》第 5 期。

Pisano, L., Galimi, D., and Cerniglia, L. 2020. "A Qualitative Report on Exploratory Data on the Possible Emotional/Behavioral Correlates of Covid – 19 Lockdown in 4 – 10 Years Children in Italy." https://www. researchgate. net/publication/340620013.

Son, C., Hegde, S., Smith, A., Wang, X., and Sasangohar, F. 2020. "Effects of COVID – 19 on College Students' Mental Health in the United States: Interview Survey Study." *Journal of Medical Internet Research* 22 (9): e21279.

Stevenson, E., Barrios, L., Cordell, R., Delozier, D., Gorman, S., and Koenig, L. J., et al. 2009. "Pandemic Influenza Planning: Addressing the Needs of Children." *American Journal of Public Health* 99 (S2): S255.

Zhang, L., Zhang, D., Fang, J., Wan, Y., Tao, F., Sun, Y. 2020. "Assessment of Mental Health of Chinese Primary School Students Before and After School Closing and Opening During the COVID – 19 Pandemic." *JAMA Network Open* 3 (9): e2021482.

《都市社会工作研究》稿约

为推进都市社会工作研究和实务的发展，加强高校、实务机构和相关政府部门的专业合作，上海大学社会学院社会工作系与出版机构决定合作出版《都市社会工作研究》集刊，特此向全国相关的专业界人士征集稿件。

一 出版宗旨

1. 促进都市社会工作研究的发展。社会工作系希望通过本集刊的交流和探讨，介绍与阐释国外都市社会工作理论、方法和最新研究成果，深入分析国内社会工作各个领域里的问题和现象，探索中国社会工作发展的基本路径，繁荣社会工作领域内的学术氛围，推动社会工作的进一步发展。

2. 加强与国内社会工作教育界的交流。社会工作系希望通过出版集刊，强化与国内社会工作教育界交流网络的建立，共同探讨都市社会工作领域的各类问题，共同推动中国社会工作教育和专业人才培养的深入开展。

3. 推动与相关政府部门的合作。社会工作系希望通过出版集刊之契机，携手相关政府部门共同研究新现象、新问题、新经验，并期冀合作研究成果对完善政策和制定新政策有所裨益。

4. 强化与实务部门的紧密联系。社会工作系希望通过出版集刊，进一步加强与医院、学校、工会、妇联、共青团、社区管理部门、司法部门、老龄与青少年工作部门，以及各类社会组织的密切联系与合作，通过共同探讨和研究，深入推动中国社会工作实务的开展。

5. 积累和传播本土社会工作知识。社会工作系希望通过出版集刊，能够更好地总结中国社会工作理论与实务的经验，提炼本土的社会工作专业服务模式，从而推动社会工作专业的健康发展。

二　来稿要求

1. 稿件范围。本集刊设有医务与精神健康社会工作、老年社会工作、儿童与青少年社会工作、城市社区社会工作、城市家庭和妇女社会工作、学校社会工作、社区矫正、社区康复、社会组织发展、社会政策分析及国外都市社会工作研究前沿等栏目，凡涉及上述领域的专题讨论、学者论坛、理论和实务研究、社会调查、研究报告、案例分析、研究述评、学术动态综述等，均欢迎不吝赐稿。

2. 具体事项规定。来稿均为原创，凡已经公开发表的文章不予受理。篇幅一般以 8000～10000 字为宜，重要的可达 20000 字。稿件发表，一律不收取任何费用。来稿以质选稿，择优录用。来稿请发电子邮箱或邮寄纸质的文本。来稿一般不予退稿，请作者自留稿件副本。

3. 本集刊权利。本集刊有修改删节文章的权利，凡投本集刊者被视为认同这一规则。不同意删改者，请务必在文中声明。文章一经发表，著作权属于作者本人，版权即为本集刊所有，欢迎以各种形式转载、译介和引用，但必须遵照《中华人民共和国著作权法》及有关国际法规。

4. 来稿文献引证规范。来稿论述（叙述）符合专业规范，行文遵循国际公认的学术规范。引用他人成说均采用夹注加以注明，即引文后加括号说明作者、出版年份及页码。引文详细出处作为参考文献列于文尾，格式为：作者、出版年份、书名（或文章名）、译者、出版地点、出版单位（或期刊名或报纸名）。参考文献按作者姓氏的第一个拼音字母依 A—Z 顺序分中、英文两部分排列。英文书名（或期刊名或报纸名）用斜体。作者本人的注释均采用当页脚注，用①②③④⑤……标明。稿件正文标题下分别是作者、摘要、关键词。作者应将标题、作者名和关键词译成英文，同时提供 150 词左右的英文摘要。文稿正文层次最多为 5 级，其序号可采用一、（一）、1、（1）、1），不宜用①。来稿需在文末标注作者的工作单位全称、详细通信地址、联系电话、邮政编码，并对作者简要介绍，包括姓名、职称、学位、研究方向等。

图书在版编目（CIP）数据

都市社会工作研究. 第 11 辑 / 范明林，杨锃主编
. -- 北京：社会科学文献出版社，2022.11
ISBN 978 - 7 - 5228 - 1031 - 7

Ⅰ. ①都… Ⅱ. ①范… ②杨… Ⅲ. ①城市 - 社会工
作 - 研究 - 中国　Ⅳ. ①D632

中国版本图书馆 CIP 数据核字（2022）第 205545 号

都市社会工作研究　第 11 辑

主　　编 / 范明林　杨　锃

出 版 人 / 王利民
责任编辑 / 杨桂凤
文稿编辑 / 张真真
责任印制 / 王京美

出　　版 / 社会科学文献出版社·群学出版分社（010）59366453
　　　　　地址：北京市北三环中路甲 29 号院华龙大厦　邮编：100029
　　　　　网址：www. ssap. com. cn
发　　行 / 社会科学文献出版社（010）59367028
印　　装 / 唐山玺诚印务有限公司

规　　格 / 开　本：787mm×1092mm　1/16
　　　　　印　张：10. 5　字　数：177 千字
版　　次 / 2022 年 11 月第 1 版　2022 年 11 月第 1 次印刷
书　　号 / ISBN 978 - 7 - 5228 - 1031 - 7
定　　价 / 89. 00 元

读者服务电话：4008918866